Os Templários e o Brasil

Os Templários e o Brasil

Pedro Silva

2005
Editora Flâmula

Revisão: Geraldo Chacon

Diagramação: Sílvia Ernst

Ilustrações: ***Júlia Maria Dutra***

Capa: Sílvia Ernst & Geraldo Chacon

Fotolito de capa: Binho's

Fotos: Pedro Silva

Fotos:
Capa: Interior do Mosteiro de Alcobaça.
Contracapa: Todas do centro são da Capela de N. S. da Conceição.
De cima para baixo, do lado esquerdo:
1. Castelo de Belmonte.
2. Castelo de Guimarães.
3. Castelo de Leiria.
4. Castelo de Pombal.
5. Castelo de Pombal.
De cima para baixo, lado direito:
1. Capela de N. S. Vira-a-Corça.
2.Castelo de Mogadouro.
3. Castelo de Santa Maria da Feira.
4. Detalhe do Mosteiro de Alcobaça.
Ver mais informações sobre as fotos após a bibliografia.

ISBN - 85-86124-30-3

2005

Editora Flâmula Ltda

Rua Antônio Pestana, 375

06756-010 - Taboão da Serra - SP

Telefax.: (011) 4714-1422

www.editoraflamula.com.br

APRESENTAÇÃO

A obra *Os Templários e o Brasil* é uma obra que transporta o leitor para a Idade Média, permitindo-lhe entrar em contato com o universo dos cavaleiros e suas grandiosas cruzadas.

O livro é baseado em pesquisas realizadas pelo autor português Pedro Silva. A sua linguagem emocionada é extremamente objetiva. Preocupou-se o autor em produzir uma obra concisa de caráter a um só tempo científico e emocional, permitindo, no entanto, ao leitor criar sua opinião própria sobre o tema.

Os Templários foram cavaleiros que constituíram uma organização ao mesmo tempo religiosa e militar, em 1119, liderada por seu fundador Hugo de Payns. Seu escopo mais conhecido era a defesa dos cristãos de ataques dos mulçumanos. Os cavaleiros eram religiosos, monges que faziam votos de pobreza, castidade e obediência.

A obra *Os Templários e o Brasil* revela o poder da fé e as riquezas conseguidas por meio das Cruzadas, que foram responsáveis pela expansão do cristianismo a partir do século XI. A extensa bibliografia pesquisada por Pedro Silva e citada na obra apresenta documentos fidedignos de autores notórios.

O autor optou por manter a grafia portuguesa antiga nas transcrições e o editor procurou respeitá-las ao máximo, alterando somente quanto a acentuação brasileira atual e algumas grafias não praticadas no Brasil como os "c" de "actual" e "directa".

Em alguns casos, optou-se pela explicação do vocabulário em nota de rodapé, mas para não sobrecarregá-lo de notas, deixamos para o final um glossário que os leitores poderão consultar se encontrarem dificuldade durante a leitura.

Geraldo Chacon

Agradecimento:

Em especial ao meu amigo e editor, Prof. Geraldo Chacon, pelo apoio integral nesta empreitada sobre os Templários.

Dedicatória:

À Susana e ao André, companheiros de viagem nas pesquisas templárias.

Aos meus leitores no Brasil que apreciam os meus humildes textos, um bem-haja.

SUMÁRIO

Introdução

«Quando os navegadores portugueses desceram no Brasil em 1500, ergueram um mastro, hasteando-lhe a bandeira da Ordem de Cristo, a mesma bandeira que ondulou aos ventos do grande oceano, enquanto navegava a armada do comandante Cabral. (...) Bandeira do descobrimento, da ocupação da nova terra, e, sobretudo de sua consagração ao reino de Cristo. O ato inaugural do Brasil, originariamente chamado de Terra de Santa Cruz, foi a missa, rezada por Frei Henriques de Coimbra, mas o sinal visível da posse deu-a a bandeira da Ordem de Cristo, reconhecida e abençoada pela Santa Igreja, a sociedade de nações da época. Está, portanto, a bandeira da Ordem de Cristo historicamente vinculada ao Brasil. (...) A dívida que contraímos historicamente com a Ordem de Cristo não será nunca quitada.»

Prefácio de João de Scantimburgo à obra
A Ordem de Cristo e o Brasil, de Tito Lívio Ferreira

Crendo piamente na necessidade de uma obra especificamente dedicada à ligação da Ordem dos Templários, e, obviamente, da sua sucedânea, em Portugal, Ordem de Cristo a esse imenso país chamado Brasil, entendemos embrenharmo-nos na confecção da mesma. Apesar da existência, crescente diga-se, de uma bibliografia sobre a temática Templários, existia, na nossa ótica, a grande lacuna de um estudo mais direcionado para as relações entre a Ordem, simultaneamente, militar e religiosa, e o Brasil, essencialmente no seu aparecimento enquanto entidade una e, obviamente, em traços históricos e sociais que, ainda atualmente, podem ser apreciados, tais como os monumentos ou determinadas celebrações religiosas, ou de índole pagã, que continuam a ser, fervorosamente, praticadas.

Tem havido, entre os investigadores do tema, uma certa tendência (quiçá natural) para a generalização esquemática, ou seja, para discorrer apenas sobre os Templários em uma perspectiva mundial, como se os mesmos não tivessem sido fundamentais, por exemplo, na Península Ibérica (atente-se, por exemplo, apenas na questão da ajuda militar imprescindível que esta ordem dedicou aos monarcas portugueses e castelhanos, nas mais acesas disputas).

Ou, mesmo, se a sua sucessora Ordem de Cristo, intrinsecamente portuguesa, mas, por via da campanha dos Descobrimentos, de certo modo mundial, não fosse uma peça fulcral no achamento do Brasil, assim como na colonização de diversos territórios, quer no continente africano, quer no asiático.

Convém não esquecermos que, por decreto papal, foi concedida à Ordem de Cristo o domínio espiritual e de exploração territorial dos locais onde fossem espalhar a fé cristã.

Seria importante aqui notar que esta "exploração territorial" inclui, obviamente, bens materiais, os quais eram, forçosamente, divididos com a coroa portuguesa, em acordos pré-estabelecidos que, de uma maneira geral, agradavam a ambas as partes.

Tendo iniciado esta atividade de investigação sobre o tema Templários há alguns anos, sempre, sobretudo, numa ótica portuguesa (dado ser esta a nacionalidade do autor), mas sem descurar o aspecto amplo da Ordem, a verdade é que a ligação ao Brasil tem sido um pormenor indesmentível. Isto, por dois aspectos essenciais: primeiro, porque a importância histórica deste país sul-americano é extraordinária (até mesmo superior ao que muitos estudiosos têm dado a entender) e, segundo, visto que a nossa ligação pessoal ao país tem crescido exponencialmente, numa perspectiva de intercâmbio cultural fundamental, nesta ponte atlântica entre Portugal e Brasil.

O povo brasileiro, em geral no essencial, desconhece que há uma influência templária no surgimento da nação e, naturalmente, em partes da sua formação social. Compete-nos, enquanto investigadores, contribuir para uma maior percepção, de cada um, do seu próprio passado. Há quem queira considerar o ensaio histórico como uma vertente em declínio – rejeitamos totalmente essa idéia! O que existe é, por um lado, um aproveitamento excessivo, da parte de alguns setores da atividade, de temas que, pelo seu exagero, podem considerar-se como fenômenos passageiros; e, por outro lado, não tem havido, regra geral, um cuidado em escrever textos facilmente compreensíveis pela grande maioria dos leitores. Ora, a presente obra, tal como sempre nos temos pautado, não inclui fantasias (que servem, primordialmente, para "vender" o artigo), e procurará, na medida do possível, ir ao encontro de todos (ou seja, uma obra literária, sobretudo no campo da investigação, existe para ensinar algo, e para que tal aconteça, tem de ser escrita, verdadeiramente, para a pessoa que a irá ler).

Pretendemos que, no final da leitura do presente livro, o leitor tenha a sensação de saber um pouco mais sobre o tema e, por conseqüência, que conheça melhor o seu próprio passado. Pretensão ambiciosa, dirão alguns... Pois a esses respondemos: nada se consegue sem esforço e dedicação pessoal. Esperemos conseguir corresponder à responsabilidade.

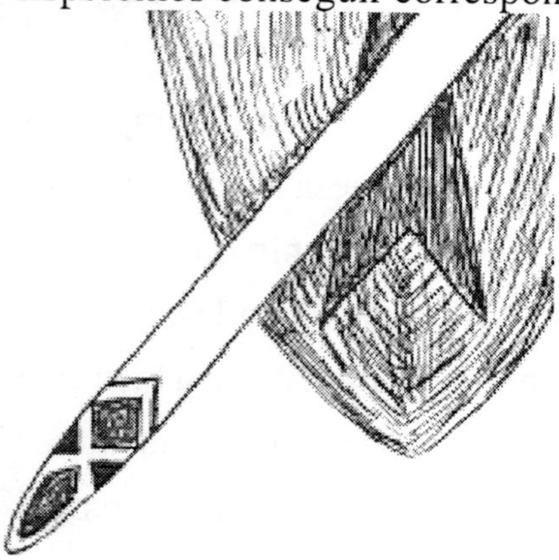

Pedro Silva

ps77@aeiou.pt

1. A Cruzada

«Essas expedições bélicas *(Cruzadas)* haviam surgido como uma necessidade religiosa de recuperação dos lugares que a cristandade considerava sagrados, em território sírio, pois neles havia transcorrido a vida, a paixão e a morte de Jesus de Nazaré. (...) Por isso, Jerusalém, a Cidade Sagrada, era também a "a três vezes santa", e nela subsistiam as ruínas do que fora o Templo de Salomão – a Mesquita de Al-Aqsa -, o qual havia sido edificado de acordo com as normas escritas que Jeová dera a Moisés e cuja construção aparecia cuidadosamente detalhada no *Livro* por antonomásia, respeitado também pelas três religiões monoteístas surgidas às margens do mesmo mar: a Bíblia.»

Fernando D. Celaya, *Os Templários*

É irrefutável que a história dos Cavaleiros seja um fato decorrente das Cruzadas[1]. Supostamente, estas seriam apenas campanhas militares com o intuito de proteger um lugar extremamente simbólico, ao nível religioso,

[1] - "A palavra «cruzada» não aparece antes do século XIII. Para os Francos, são as guerras que se efetuam como «soldados de Cristo marcados com o sinal da cruz». Também se fala de «passagem», «pequena, grande ou geral» segundo a importância dos efetivos alistados. Também acontece apresentarem-se como peregrinações. A partir dos séculos XV e XVI, recorre-se ao termo cruzada para designar as guerras patrocinadas pela Igreja. (...) Durante dois séculos, as cruzadas foram o centro de um confronto entre Ocidente e Oriente, cujas mentalidades coletivas ainda conservam a marca. Para os Ocidentais, elas foram, em primeiro lugar, um ato de fé, depois carregaram-se de motivações de ordem política e até mesmo econômica, sobretudo no século XII. (...) A opinião dos Orientais nunca variou. As cruzadas foram agressões bárbaras.", *As Cruzadas (1906-1270)*, vários autores, pág.28.

para a cristandade. No entanto, muitos investigadores não conseguem descurar a vertente economicista de toda esta situação. Tudo começara com os mercadores venezianos[2] que, à custa da sua habilidade mercantil, conseguiram transformar, a rota entre Ásia e Europa, num dos mais lucrativos negócios e de crescente expansão nos primeiros séculos após o nascimento de Jesus Cristo. Durante centenas de anos, a atividade exploratória dos produtos orientais foi crescendo em ambição e, naturalmente, em procura. Inicialmente ligados à pesca, logo os homens de Veneza vislumbraram a oportunidade de trocar o seu sal, no Islão, por produtos orientais, tão apreciados no continente europeu, em virtude dos cheiros, cores e sabores que carregam em si.

Mas esta rota comercial era extremamente complicada e dispendiosa, pois, não raras vezes, os transportes eram saqueados, isto para além de se considerar que os humores do povo do Islão mudavam consoante o seu líder e essa falta de estabilidade na zona prejudicava imensamente a atividade econômica. Crê-se que os mercadores da cidade italiana de Veneza foram, por conseguinte, dos mais influentes patrocinadores das Cruzadas, tendo em conta o interesse que atrás demonstramos.

Obviamente que o outro lado é, para nós, igualmente inquestionável, em termos de importância: Jerusalém é, afinal de contas, a cidade santa por excelência. Principalmente desde os finais do século V quando os fiéis europeus tudo faziam para uma peregrinação ao local onde nascera Jesus Cristo – personalidade cuja influência mais notória tinha, na altura, convém frisar, pouco mais de quatrocentos anos, ou seja, era algo muito recente entre os crentes.

---

[2] - Curiosamente, na obra *As Cruzadas*, de Bernard Hamilton, escreve-se, a dada altura, que, após a conquista de Jerusalém, "os Francos não tinham uma armada própria, mas as cidades marítimas italianas ajudaram-nos na conquista dos portos. Antes da Primeira Cruzada, o comércio mediterrânico oriental tinha sido dominado pelos venezianos que mantinham uma posição mercantil privilegiada no Império Bizantino. As repúblicas de Gênova e Pisa estavam ansiosas por participar no comércio de artigos de luxo provenientes do Levante, e os venezianos estavam interessados em alargar a sua influência." (pág.30)

Mas o período era deveras turbulento. Em 638, o califa Omar apodera-se de Jerusalém; no ano de 809 dá-se um apogeu do império árabe e, em 1055, os Turcos seljúcidas apoderam-se de Bagdade. Todas estas alterações na zona transformam-na, cada vez mais, num local em vias de erupção social. Não é, como tal, de estranhar que apenas sete anos depois da tomada da cidade oriental por parte dos seljúcidas, o papa Alexandre II conceda um perdão dos pecados a todos aqueles que combatessem os muçulmanos.

Este ímpeto dos Turcos leva-os a ameaçar, em 1095, Constantinopla. Foi a gota que fez transbordar a copo de água a que, metaforicamente, chamamos de paciência dos cristãos. O papa Urbano II[3] dirige-se, então, ao Sul de França, onde estava reunido o Concílio de Clermont, apelando aos cristãos presentes da maneira mais entusiástica possível, os quais aceitam colocar as suas vidas e suas armas ao serviço da fé. Atentemos nas suas palavras:

> "Mui amados irmãos: apressado pela necessidade, eu, Urbano, com a autorização do Deus, prelado supremo, vim aqui como embaixador de um conselho divino para vós, servos de Deus. (...) Vós sois chamados ovelhas, não atuem como mercenários. (...) Vós tendes visto, há muito tempo a esta parte, a grande desordem causada no mundo por tais crimes *(Nota: atentados aos peregrinos em Jerusalém)*. Isso é tão mau em algumas províncias, segundo me informaram,

---

[3] - Idem, pág. 34, acerca de Urbano II: "Antigo aluno de S. Bruno de Reims, Otão de Lagery entra em Cluny em 1070 e torna-se prior da comunidade de 1074 a 1079. (...) Eleito papa em Abril de 1088 com o nome de Urbano II, confronta-se com o partido imperial e não consegue ocupar a cadeira de S. Pedro senão em 1093. Desde então, prossegue as reformas começadas por Gregório VII, combatendo a simonia (*Nota: crime religioso e pecado que consiste em comprar, vender, trocar, dar qualquer bem espiritual, cargo religioso, etc., por dinheiro ou outro qualquer bem temporal*, in Grande Dicionário da Língua Portuguesa) e as investiduras laicas. Depois de ter assistido ao sínodo reformador de Placência (1095), volta a Clairmont para presidir ao concílio, no qual será pregada a primeira cruzada (Novembro de 1095). Urbano II morrerá sem saber se a expedição atingiu o seu objetivo."

e vós sois tão brandos na administração da justiça, que dificilmente alguém pode ir na estrada, de dia ou de noite, sem ser assaltado. (...) Apesar de, ó filhos de Deus, vós haverdes prometido, mais firme que nunca, manter a paz entre nós e preservar os direitos da Igreja, existe ainda um importante trabalho a fazer (...) pois, como muitos de vós sabeis, os Turcos e os Árabes atacaram-nos e conquistaram o território da Romênia (Império Grego). (...) Eles ocuparam mais e mais terras desses cristãos, e suplantaram-nos em sete batalhas. Eles mataram e capturaram muitos, e destruíram as igrejas e devastaram o império. (...) Por isso, eu, ou antes o Senhor, vê-vos como arautos de Cristo para ele espalhar em todos os lugares e para persuadir pessoas de qualquer nível, soldados de Infantaria ou Cavaleiros, pobres e ricos, a ajudarem prontamente esses cristãos e a destruir essa perversa raça, das terras dos nossos amigos. (...) Os que morram pela lei, em terra ou mar, ou em batalha contra os pagãos, deverão ter remissão imediata dos seus pecados. Isso vos garanto através do poder de Deus no qual fui investido."[4]

---

[4] - Discurso do papa Urbano II (1088-1099), no Concílio de Clermont em 1095. O título original é *Gesta Francorum Jerusalém Expugnation* (de Fulcher of Chartres), retirado de *Gesta Dei Per Francos* (Bongars). A tradução do latim pertence a Oliver J. Thatcher e Edgar Holmes McNeal (New York, Scribners, 1905). Existe uma outra versão, retirada da obra *The first crusade: the accounts of eyewitness and participants*, de August C. Krey (Princeton, 1921), pp. 42-43, que entendemos reproduzir em parte: "Urbano, bispo, servo de Deus, a todos os crentes. (...) A vossa irmandade, nós acreditamos, aprendeu que uma fúria bárbara afligiu deploravelmente e reduziu a escombros as igrejas de Deus nas regiões do Oriente. Mais do que isso, é blasfêmia afirmar, até prendeu, em intolerável servidão, as igrejas de Nosso Senhor e a cidade santa de Cristo, glorificada pela sua paixão e ressurreição. Lamentando, com pia preocupação, esta calamidade, visitamos as regiões da Gália e devotamo-nos a incitar os príncipes locais, e os seus vassalos, a libertar as igrejas do Leste. ⇒

A incitação de Urbano II aos cristãos, com palavras de fé, leva muitos nobres e vassalos a pegar armas para combater os inimigos. A idéia era que a cruz nas vestes purificasse o coração dos cristãos para que, com a alma limpa, pudessem lutar por uma causa gloriosa. Com os seus eloqüentes discursos, o papa de Roma cativou muitos partidários, prometendo-lhes o céu, em troca do apoio material e físico na disputa.

Sabemos que Pedro, o Eremita, foi um dos primeiros a chegar, com o seu exército, a Constantinopla. Na verdade, muitos germânicos ali se encontravam estacionados, mas o número total de homens era, ainda, insuficiente para enfrentar o exército inimigo. Essa escassez de recursos humanos não impossibilitava, no entanto, grande agitação entre as hostes. Havia uma ânsia de luta, de provar aos inimigos a superioridade da fé cristã. Em breve, essa ânsia transformou-se em sentimento de quase loucura, e a amálgama humana tornou-se violenta e incontrolável, redundando, inclusive, na destruição de edifícios. O Imperador de Constantinopla, inicialmente sereno, defendia a teoria de aguardarem a chegada de reforços mas, com o passar do tempo, e perante as atitudes irrefletidas do exército cristão, viu-se forçado a mandá-los passar o Estreito.

A consequência da euforia cristã foi que, nos primeiros confrontos com os turcos, o saldo foi desastroso para o exército que partira a pedido do Papa. Apesar disto, os bispos e prelados locais continuavam a incitar as hostes de Cristo, impelindo-as a agarrar em armas para combater os inimigos da fé, mas a superioridade turca era extraordinariamente visível.

Agradou-nos no Concílio de Auvergne tal avassalador interesse, como preparação para a remissão dos pecados. E constituindo o nosso amado filho, Adhemar, Bispo de Puy, líder da expedição." A propósito do Bispo de Puy, atente-se na biografia descritiva da obra *As Cruzadas (1096-1270)*, pág. 37: "Vindo de uma família nobre do Valentinois (região de Valence), este velho cavaleiro é nomeado bispo de Puy em 1079. Depois de ter pregado a Primeira Cruzada, Urbano II designa-o representante do papado na expedição. Amigo do conde de Tolouse, Raimundo de Saint-Gilles, Ademar de Monteil distingue-se durante a tomada de Antioquia. Morre de peste a 1 de Agosto de 1098".

É então que Boemundo[5], poderoso nas batalhas, decide juntar-se ao grupo cristão que, aos gritos de "Deus lo volt!" (ou seja, "Deus o quer!" – o mesmo grito usado pelos normandos quando invadiram a Inglaterra), se desloca para o sepulcro do Senhor, para guerrear com os pagãos. Tendo, em primeira instância, regressado à terra-natal para persuadir mais pessoas a juntar-se ao seu séquito, o Lorde Boemundo voltou à carga, num percurso marcado pelas conquistas dos bens materiais dos locais por onde o seu exército passava, qual carga humana de força avassaladora.

Godfroy de Bouillon[6] também surgiu em Constantinopla com um grande e determinado exército. Ele foi o primeiro a chegar a Nicodemia, com Tancredo[7]. O seu objetivo era Nicéia, a capital da atual Romênia. Para

---

[5] - Sobre Boemundo I de Tarento (1057-1111), príncipe de Antioquia entre 1098 e 1111, retirado da obra *As Cruzadas (1096-1270)*: "filho mais velho de Roberto Guiscard, ele conduz o contingente dos Normandos da Itália à Primeira Cruzada. Combatente notável em Niceia e em Dorileia, liberta Antioquia em 1098, fazendo da cidade a sede de um principado. Em 1100, poderia ter pretendido a coroa de Jerusalém, se não tivesse sido feito prisioneiro pelos Turcos.", pág. 42.

[6] - Na pág. 44 da obra citada anteriormente, encontramos a breve biografia de Godefroy ou Godofredo de Bulhão, defensor do Santo Sepulcro entre 1099 e 1100: "filho de Eustáquio II, conde de Bolonha, irmão de Balduíno I, Godofredo tornou-se duque da Baixa Lorena e de Lothier em 1082. Respondendo ao apelo de Urbano II, dá como garantia a maior parte dos seus bens para financiar a sua viagem a Jerusalém. Partindo em Agosto de 1096, chega a Constantinopla em Dezembro e incita os barões a prestar homenagem ao imperador Aleixo Comneno. Aparece, desde então, como principal chefe da Primeira Cruzada. Eleito rei de Jerusalém pelos barões em 22 de Julho de 1099, contenta-se com o título de defensor do Santo Sepulcro. Consagra, então, o seu único ano de reinado à consolidação dos novos Estados latinos, que concebe como uma teocracia."

[7] - "Tancredo de Hauteville, príncipe normando da Sicília (morto em Antioquia a 12 de Dezembro de 1112)", o nobre, "neto de Roberto Guiscard, Tancredo pôs-se ao serviço de seu tio Boemundo de Tarento para participar na Primeira Cruzada. Com Balduíno de Bolonha, deixa em Setembro de 1097 o grosso da expedição para descer à planície ciliciana, onde se apodera de Tarso, Adana e Mamistra. Tendo participado no cerco e na tomada de Antioquia, distingue-se pela sua bravura no assalto a Jerusalém (15 de Julho). (...) Inimigo declarado dos Bizantinos, a quem retirara Latáquia em 1108, Tancredo manteve, por represália, relações amistosas com vários príncipes árabes da região.", obra citada, pág. 47.

lá chegar, o exército cristão enfrentou grandes dificuldades, tendo-se, inclusive, deparado, na cidade, com uma grande hoste turca, ainda por cima reforçada com um grande contingente oriundo de cidades vizinhas. Em pouco tempo, porém, os cristãos viram-se reforçados com os exércitos oriundos de reino galês, da Grã-Bretanha, ansiosos por tomar, também eles, parte na disputa.

Apesar da imensidão da força de Cristo, os turcos não se davam por vencidos e recusavam ceder Nicéia, aproveitando-se de um grande lago, junto a ela, para contra-atacar com o poderio naval, ao que os senhores cristãos reagiram, solicitando ao Imperador de Constantinopla o envio de barcos. Ele assim o fez. Com tudo isto, o exército turco compreendeu a derrota e solicitou ao Imperador que lhes permitisse abandonar a cidade, com as suas famílias, sem mais delongas. O Imperador acedeu ao pedido e Nicéia caiu, finalmente, em mãos do exército cristão.

Naturalmente, com as primeiras e significativas vitórias cristãs, foi inevitável que o exército inimigo procurasse vingar o sucedido. Foi assim que Boemundo, Godfroy e outros líderes cristãos se encontraram, logo em seguida, fortemente atacados por turcos. A compita[8] é feroz, as baixas imensas de ambos os lados e só a chegada das hostes do Bispo Adhemar de Puy permitiram aos cristãos vencer os mais de 360 mil inimigos. Relembre-se que o Bispo de Puy tinha sido definido, por Urbano II, como o líder da expedição cristã.

Antioquia torna-se, então, o ponto principal da disputa. De um lado e do outro as escaramuças são uma constante. Exércitos como os de Lorde Boemundo surgem em cena para auxiliar os demais. O sofrimento cristão, para resistir, é atroz. O inevitável acontece e Antioquia cai nas mãos inimigas, deixando para trás um rasto de cadáveres, num terrível massacre.

---

[8] Disputa, luta, batalha. (Nota do editor)

Após tantos banhos de sangue, finalmente os cruzados tomaram a iniciativa de avançarem para Jerusalém. Com o apoio das recém-construídas torres de madeira e outras máquinas de combate, os soldados cristãos investiram fortemente. Após dias de ataques mal sucedidos, uma das zonas sarracenas fraquejou, permitindo a entrada dos francos na cidade. A partir daí, a tomada de Jerusalém foi mais facilitada, vindo a acontecer a 15 de Julho de 1099.

Atentemos, antes de prosseguir, nas palavras de Foucher de Chartres, no seu apaixonado relato, descrevendo os primeiros momentos após a conquista de Jerusalém:

"Os nossos, percorrendo Jerusalém com a espada desembainhada, não deram tréguas a ninguém, nem àqueles que lhes imploravam misericórdia, e o povo dos infiéis cai sob os seus golpes como caem, de um ramo sacudido, os frutos podres do carvalho, as bolotas agitadas pelo vento. (...) Em seguida, clérigos e laicos dirigem-se todos juntos ao túmulo de Nosso Senhor e ao seu célebre templo, elevam aos céus os seus gritos de triunfo e cantam um cântico novo em honra do Altíssimo; levam todos ricas oferendas, prodigalizam as mais humildes orações e visitam, embriagados de alegria, estes lugares santos, pelos quais suspiram há tanto tempo. Oh tempo tão ardentemente desejado! Oh tempo memorável entre todos os tempos! Oh acontecimento preferível a todos os acontecimentos! Este tempo era verdadeiramente o tempo desejado na sinceridade do coração. E, com efeito, todos os sectários da fé católica aspiravam, em todas as suas preces e do fundo da alma, a ver os lugares onde Deus, o criador de todas as criaturas, se fez homem, nasceu, morreu, ressuscitou para levar ao gênero humano, multiplicado pela sua bondade, o dom da redenção e da salvação; a verem estes lugares,

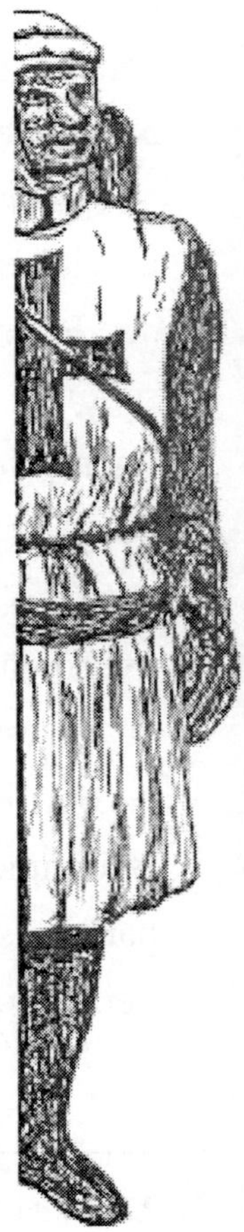

dizia eu, finalmente purgados da presença empestada dos pagãos que os habitavam e os sujavam havia tanto tempo com as suas superstições, e restabelecidos em todo o seu esplendor da sua antiga glória por homens crentes e confiantes no Senhor."[9]

Queremos, no entanto, aproveitar a oportunidade para deixar o outro lado da versão, ou seja, a visão árabe, da mesma tomada da cidade santa:

> "*A população da cidade santa foi passada ao fio da espada, e os Franj* (Francos) *massacraram os muçulmanos durante uma semana. Na mesquita Al-Aqsa, eles mataram mais de setenta mil pessoas.* E Ibn al-Qalanissi, que evita manipular números inverificáveis, precisa: *Morreu muita gente. Os judeus foram reunidos na sua sinagoga e os Franj queimaram-nos aí vivos. Eles também destruíram os monumentos dos santos e o túmulo de Abraão – a paz seja com Ele!* Entre os monumentos saqueados pelos invasores conta-se a mesquita de Omar (...) Uma das primeiras medidas tomadas pelos Franj é a de expulsar da igreja do Santo Sepulcro todos os sacerdotes dos ritos orientais – Gregos, Georgianos, Armênios, Coptas e Sírios – que aí oficiam juntos em virtude de uma antiga tradição que todos os conquistadores haviam respeitado até então. Atordoados por tanto fanatismo, os dignitários das comunidades cristãs orientais decidem resistir. Eles recusam revelar ao ocupante o lugar onde esconderam a verdadeira cruz na qual Cristo morreu. Para estes homens, a devoção religiosa no tocante à relíquia combina-se com altivez patriótica. Não são eles, ao fim e ao cabo, os concidadãos do Nazareno?

---

[9] - *A 1ª Cruzada, um relato de quem lá esteve*, Foucher de Chartres, pp. 71-72.

> Mas os invasores não se deixam de modo algum impressionar. Prendendo os sacerdotes incumbidos da guarda da cruz e submetendo-os à tortura para lhes arrancar o seu segredo, conseguem arrebatar à força aos cristãos da cidade santa a mais preciosa das suas relíquias."[10]

Com a conquista de Jerusalém estava, efetivamente, concluída a missão principal a que os cruzados, desta primeira investida, se tinham proposto. O Santo Sepulcro repousava agora nas mãos cristãs e, todos aqueles que tinham dado o corpo ou a vida em prol da empreitada, sentiam-se então devidamente recompensados. Por isso, não é de espantar que a sua grande maioria tenha, posteriormente, regressado aos seus respectivos países. Este domínio, em lugar santo, aumentou, naturalmente, a frequência das peregrinações. Mas, como é óbvio de perceber, existe sempre um lado inverso da questão e, no caso, tornaram-se mais freqüentes as invasões, por saqueadores, dos caminhos de romaria. Isso incrementou os assaltos às caravanas, assim como alguns assassinatos.

O lugar da crucificação, ressurreição e ascensão de Jesus Cristo era, na época, um lugar muito perigoso, apesar daquilo que, à partida, seria de supor, com a respectiva conquista cristã. Apesar de os Francos a terem transformado numa cidade católica, tendo os santuários sido reconstruídos e utilizados pelas comunidades religiosas, e onde os visitantes ocidentais poderiam aceder às tradicionais liturgias, a verdade é que a presença constante de elementos indesejáveis da sociedade, em busca de pilhar o que os peregrinos traziam em suas oferendas e haveres pessoais, a tornavam um alvo fácil, visto não existir uma milícia que pudesse proteger os crentes. Como é referido na seguinte obra, "com a vaga popular e cavalheiresca a

[10] - *As Cruzadas vistas pelos Árabes*, Amin Maalouf, pp. 70-71.

retroceder da Terra Santa conquistada para a cruz, o Próximo Oriente reencontrava os seus demônios familiares: divisão das comunidades de fé e de esperança, encanto do clima e da paisagem, corrupção do poder... os Estados latinos eram uma ilha sitiada do Ocidente. O velho Islão do Cairo e de Damasco, as jovens ambições da montanha curda, a ferocidade alegre das tribos turcas, juntavam-se para lançar os Francos no mar... Faltava à Terra libertada uma força permanente"[11].

Na verdade, cerca de uma década após a tomada de Jerusalém, uma nova ordem militar e religiosa vem colmatar a lacuna e irá esculpir o seu nome na história de uma forma tão indelével que, ainda atualmente, passados tantos séculos, vê-se reconhecida em todo e qualquer lugar.

"E é aqui que nasce a *Lenda De Molay*, com o Mestre a declarar, no auge do sofrimento no fogo: 'Clemente V, pontífice de Roma, eu te cito para compareceres ao tribunal de Deus dentro de quarenta dias; e tu, Felipe IV, rei de França, no mesmo tribunal te espero dentro de um ano!' O fato é que isso aconteceu mesmo" pág.70.

[11] - *As Cruzadas (1096-1270)*, pág. 53.

«Perguntae à Europa inteira (dizia o Grão-Mestre Jacques de Molay na sua defesa da Ordem, dois séculos mais tarde), porque razão os príncipes e os povos recompensaram, voluntariamente, a coragem e dedicação dos Templários; perguntae aos christãos do Oriente, porque razão imposeram à nossa pobreza parte dos seus opimos[12] despojos; perguntae aos infiéis da Syria, porque razão deixaram ficar em nossas ensanguentadas mãos as armas mais preciosas, as jóias mais valiosas, as maravilhas mais resplandecentes; vinde toma-las! gritavam elles; e nós as tomávamos combatendo!»

Eleutério Cerdeira, *A Ordem de Cristo (resumo histórico)*

De acordo com as palavras do cronista coevo[13] Jacques de Vitry, que viveu um século após o nascimento da Ordem, Hugues de Payen (um homem já de idade avançada) e o seu colega Godefroy de Saint-Omer, ambos tementes a Cristo, teriam partido, por volta de 1096 para Constantinopla. De início, era apenas uma missão de fé pessoal, mas crê-se que o papa Teocletes tê-la-á tornado em algo mais – isto é, na criação de uma milícia religiosa. Teocletes, sumo-sacerdote dos nazarenos joanitas, teria iniciado os dois fundadores da Ordem no aspecto interno ou esotérico do cristianismo primitivo. Esta é a opinião de alguns autores.

12 - Ótimos, excelentes. (Nota do editor)

13 - Coetâneo, da mesma época. (Nota do editor)

Outra das versões refere que em 1114, o nobre Hughes de Champagne, dono de um dos mais valiosos conjuntos de possessões na França, deslocou-se por um breve período temporal desde o Oriente até à sua terra-natal, onde se encontrou com S. Bernardo, mantendo, ambos, diálogos de tal forma esclarecedores e transcendentes, que são poucos os estudiosos que duvidam ter nascido aí os fundamentos pelas quais a futura Ordem se iria reger. Já no Oriente, Hughes de Payen, vassalo de Hughes de Champagne, surge como o último vértice do triângulo fundamental nos primórdios da constituição da ordem religiosa. Também ele se torna amigo de S. Bernardo e profundo conhecedor da sua doutrina e obra pelo que, apoiado pelo poder do seu senhor, ao mesmo tempo que motivado por um fervor religioso e agastado com os crimes perpetrados contra os peregrinos, decide em 1118, em conjunto com Godofredo de Saint-Omer, outro valoroso cavaleiro, fundar uma ordem militar-religiosa conhecida por *Pauperes Commilitiones Christi Templique Salomonis*, ou seja, "Pobres Cavaleiros de Cristo e do Templo de Salomão", a qual adotava a divisa "Não para nós, Senhor, não para nós a glória, mas só em teu Nome" (*Non nobis, Domine, non nobis sed nomini tuo da gloriam*).

Seja como for, a verdade é que não existem grandes dúvidas em relação aos três votos que estes cavaleiros iniciais se propuseram, como o confirma outro cronista, no caso o arcebispo Guilherme de Tiro: "nesse mesmo ano (1118), certos nobres devotos e tementes a Deus, pertencentes à categoria dos cavaleiros, dedicados ao Senhor, manifestaram o desejo de viver perpetuamente na pobreza, na castidade e na obediência. Nas mãos do patriarca juraram servir a Deus como cônegos comuns. Os principais e mais ilustres dentre esses homens eram o venerável Hughes de Payen e Geoffroi de Saint-Omer. Como eles não possuíam uma igreja, nem residência fixa, o rei concedeu-lhes um local de moradia temporária em seu próprio palácio, no lado norte do Templo do Senhor"[14].

---

[14] - *Templários: os Cavaleiros de Deus*, Edward Burman, pág. 18.

Este nascimento foi testemunhado com a existência de nove cavaleiros iniciais, a saber: Hugues de Payen, Godofredo de Saint-Omer, André de Montbard, Gundomar, Godofredo, Roral, Geoffrey Bisol, Payen de Montdésir e Archambaud de Saint-Aignan. Por curiosidade, refira-se a existência de uma teoria que defende a hipótese de que "dos fundadores da Ordem na Palestina, dois podiam ser filhos de famílias do Condado (*Portucalense*). São eles: Frei Gondamare ou Gundemar (*Gundomar*), e Fr. Arnoldo, ou, Arnaldo, (...) com muita certeza, poderá ser identificado como o procurador do Templo em Portugal, Petrus (Pedro) Arnaldo da Rocha."[15]

A hipótese de Gundomar ser, de fato, de origem portuguesa, como alguns autores têm defendido, está fundamentada essencialmente na proximidade lingüística entre o nome e a povoação de Gondomar. Já a explicação quanto a Arnaldo é bem mais exaustiva e, nem assim, facilmente aceitável.

Frei Bernardo da Costa, um cronista medieval português, aborda o tema, na sua obra, seguindo a pena de seus antecessores: "o mesmo Ferreira repete no segundo tomo e nos dá a notícia de outro cavaleiro, e diz, referindo a Faria: *D. Arnaldo fue uno de los primeros nove instituidores de los Templários*. Repete o mesmo Ferreira: *E por autoridade deste grande escritor foi Arnoldo hum dos nove cavaleiros gloriosos instituidores da Ordem*. (...) Bem pode ser, que nesta parte diga melhor Brandão, e que na verdade Arnoldo da Rocha seja um dos primeiros Cavaleiros Templários, não dos da Palestina, mas de Portugal. (...) Ele o faz, dizendo ser companheiro de D. Gualdim Pais, primeiro mestre neste reino no ano de mil cento e vinte e seis. (...) Porém não podemos duvidar que fosse um dos primeiros cavaleiros, que entrasse em Portugal a estabelecer a Ordem."[16]

---

[15] - *História dos Templários em Portugal*, André-Jean Paraschi, pág. 10.

[16] - *Historia da Militar Ordem de Nosso Senhor Jesus Christo*, Frei Bernardo da Costa, pp. 125-126.

É perfeitamente natural que exista, entre os investigadores portugueses, uma certa tendência para vislumbrarem fatos à luz da nacionalidade. A nossa opinião é um pouco diferente: cremos na relatividade da hipótese-Gondomer, sobretudo pelo fato de, à época, ser estreita a ligação entre os nobres da Península Ibérica e da França (mormente na ajuda destes últimos na Reconquista Cristã). Como tal, não é de estranhar que houvesse um cavaleiro ibérico com uma ligação ao nobre gaulês Hugues de Payen. Escusamo-nos a comentar se Gondomer seria natural do Condado Portucalense, ou apenas um francês deslocado a este território, com objetivos bem definidos de apoio na compita ante a força mourisca. Mas, quanto a Arnaldo da Rocha, sentimos que a sua existência, apesar de ser um fato concreto (comprovado por documentos coevos), não ganha força quando testada enquanto membro inicial da Ordem do Templo na Palestina.

Criada que estava uma milícia, simultaneamente, militar e religiosa, ainda que sem enquadramento legal (que viria mais tarde), o certo é que a todos intriga o fato de, pelo menos durante uma década, não se ouvir falar dos Templários. Nem uma única linha surge da pena dos cronistas; nenhuma batalha disputada na Palestina. Há quem jure que nem sequer houve interesse em aumentar o número de aderentes. Então, o que andariam a fazer? As teorias são mais que muitas – desde "o estabelecimento de um governo universal baseado na fraternidade e na igualdade"[17], passando pelo fato de "os primeiros fundadores da Ordem, Hugo de Payens e seu tio, André de Montbard, foram enviados a Jerusalém por Bernardo de Clairvaux, não com a finalidade de proteger os peregrinos cristãos, mas sim de encontrar e trazer para a Europa a Arca da Aliança"[18], até à questão última de que "a vida dos Templários e a da própria Ordem (nota-se a semelhança entre macrocosmos e microcosmos) é um exemplo exato da viagem do sol; tinham

---

[17] - *História dos Templários em Portugal*, André-Jean Paraschi, pág. 73.
Ver nota 18 na página seguinte.

a sua vida profana e a vida oculta; existia até o círculo exterior e o núcleo dos adeptos. A luz do dia era completada pela escuridão das profundezas do poço. Este poço da iniciação não é uma lenda, mas a pura realidade; existe em todos os lugares esotéricos onde passaram os Templários"[19].

Sem bases mais sólidas para afirmações, cremos que, a par de alguns autores, os Cavaleiros Templários tiveram uma atividade inicial mais recatada, por duas razões essenciais: busca exterior de uma esquematização prática da sua função e busca interior de uma teoria que se coadunasse com o pretendido. Isto é, foi um período de grande reflexão, justamente num local ideal para o fato – o Templo de Salomão – e no qual terão nascido as principais premissas por que haveriam de reger-se doravante. Sabe-se que terão tomado contato com algumas doutrinas orientais, de onde beberam o suco do conhecimento, o que, aliado a fatos da sabedoria ocidental, resultou em algo fenomenal. Não queremos, no entanto, excluir, sem mais delongas, outras possibilidades em aberto, tal como a tão propalada descoberta da Arca da Aliança.

> "Constava que Payns e os seus companheiros tinham descoberto, nas ruínas do Templo de Salomão, a Arca da Aliança e a tinham transportado para França, assim como os segredos de Hiram Abiff, o lendário construtor daquele templo. Estes tesouros teriam sido escondidos na Catedral de Notre-

---

[18] - *Les mystères templiers*, Louis Charpentier (Robert Laffont, Paris, 1967). Na obra citada anteriormente de Paraschi, escreve-se: "Mas, teriam os Templários encontrado a Arca da Aliança? Louis Charpentier crê que sim e novamente apresenta-nos um argumento que não pode ser desdenhado. Ele se refere à maneira pela qual Hugo de Payens e seus companheiros foram recebidos na Europa quando regressaram, no ano de 1127. E realmente, os atos dos cavaleiros não justificavam de maneira alguma o tratamento que se lhes foi dispensado por parte dos reis, nobres e, em primeiro lugar, do papa mesmo. Proteger peregrinos não parece mérito suficiente que justifique a convocação de um concílio para fixar deveres e privilégios da Ordem." (pág. 79)

[19] - *A chave esotérica do simbolismo dos Templários*, André Jean Paraschi, pp. 14-15.

Dame de Chartres, cuja construção se destinava mais a guardar os preciosos achados do que a servir o culto cristão. (...) As ligações dos Templários com os árabes foram exploradas pelos seus adversários nas campanhas que desenvolveram contra os Cavaleiros; o fato de não se encontrar entre eles nenhuma imagem de Cristo crucificado também contribuiu, e poderosamente, para pôr em causa a sua fidelidade à doutrina cristã. Na verdade, os Templários admitiam o Cristo de luz, de pé, mas recusavam o Cristo crucificado, fazendo distinção entre o Cristo-Deus e o Homem-Jesus. (...) A própria orgânica da Ordem é extremamente sintomática: havia um grupo de treze cavaleiros, tal como Cristo e os seus doze apóstolos, que se dedicavam ao esoterismo, constituindo os guerreiros, em número muito variável, uma casta à parte. A Ordem era, portanto, formada por dois ramos distintos: o espiritual e o militar."[20]

Interessa é denotar que os primeiros combates, nos quais a Ordem do Templo esteja inserido, não acontecem no Oriente, mas sim na Península Ibérica, pois sabe-se que em 1132, Roberto, o Senegalês e Hugo Rigaud

---

[20] - *A Ordem Rosacruz*, António Monteiro, pp. 61-62. Convém aqui fazer referência ao texto de Eduardo Amarante e Françoise Terseur, *Templários: Aspectos secretos da Ordem*, que aborda algo ainda pouco relatado, a existência de uma Regra Secreta dos Templários, quiçá oriunda desta época de dupla função espiritual e mundana, pp. 25-26: "O Bispo alemão Friedrich Manter descobriu em 1794, nos arquivos do Vaticano, um documento chamado «Livro dos Estatutos da Ordem dos Templários», mais conhecido por «Manuscrito de Hamburgo», escrito no séc. XIII por Roscelin de Fos, supostamente Grão-Mestre secreto do Templo, o que não está comprovado. Há, no entanto, provas da sua existência histórica e do seu ingresso na Ordem em 1281, assim como do Castelo de Fos na Provença, cujas ruínas ainda hoje existem. Este manuscrito reproduz uma regra secreta – possivelmente paralela à que foi oficialmente reconhecida no Concílio de Troyes em 1128 – que revela um notável sincretismo religioso.⇒

venceram os seus inimigos em Grañena, sendo recompensados com o castelo de Barbará. Isto comprova, igualmente, o estilo mais pausado que representa estes primeiros anos, que irão ter o seu término por volta de 1126, altura em que Hugo de Payens, o Mestre da Ordem, se decide a um périplo pela Europa, buscando recrutar novos cavaleiros. Dá-nos a impressão que, de repente, os Templários parecem quebrar o estado de letargia e, segundo contam os cronistas da época, surgem do nada muitos nobres importantes prontos a ingressar na Ordem.

Ora, tudo isso ainda nos afigura mais incompreensível: como teria a Ordem do Templo angariado tamanha reputação? Documentos públicos comprovavam que muitos nobres ou venderam os seus bens ou contraíram empréstimos a fim de participarem de uma nova cruzada. Numa carta dirigida aos cavaleiros Templários em Jerusalém, Hugo tentou incutir neles a ideia de um renascimento da Ordem, através da repetição da mensagem principal, ou seja, a de serem monges-guerreiros, inspirados pelas Escrituras Sagradas.

Acreditamos que o apoio de S. Bernardo de Claraval foi fundamental para tudo isto. Ele era, naquele tempo, personagem principal nos meandros religiosos. A sua influência era imensa e o seu carinho pela Ordem dos Cavaleiros Templários indisfarçável. Mas, em suma,

---

(Continuação da nota 20.) Entre as orações templárias que nele encontramos, figura curiosamente a «Fatima», oração muçulmana que abre o Corão. O espírito templário de universalidade, que foi recalcado por tantos escritores, está refletido neste manuscrito no artigo 23º: «se um judeu ou sarraceno te convidarem às suas mesas, come de tudo quanto te oferecerem e despreza os hipócritas que condenam a convivência e recusam o alimento que Deus criou, em vez de agradecerem ao Senhor que o concede ao Homem». O artigo 24º é ainda mais elucidativo: «faz a guerra com justiça e caridade, trata de proteger o débil e de castigar o culpado. E, sobretudo, não penses em te aproveitar da glória nem da debilidade dos príncipes, nem pratiques o saque. Durante o tempo de paz, recorda que o teu Deus é também o dos judeus e dos sarracenos»."

havia toda uma onda de entusiasmo em volta da idéia. "Hugo de Payens decidiu relançar o projeto de militarizar a Palestina cristã, que havia recebido fraca adesão durante os anos de sua permanência na Terra Santa, o que acabaria provocando o desânimo de alguns adeptos. Empreendeu então uma viagem à Síria e à Europa (França e Inglaterra) para angariar apoio, ajuda e financiamentos. O fundador da Ordem dos Templários, nessa viagem de «propaganda», atuava também em nome do rei de Jerusalém, Balduíno II, que custeou as despesas."[21]

Todo este movimento em torno desta neófita milícia foi, segundo nos parece, o ponto primordial em torno do arranque decisivo para a posteridade. Não mais a Ordem do Templo se arrastaria em dificuldades financeiras, nem tampouco haveriam de procurar novos aderentes – ao invés, seriam os nobres a rogar por admissão e os seus proventos cresceriam de maneira inigualável[22].

Uma carta de Balduíno II a São Bernardo inicia o processo conducente à instituição de um conjunto de normas que servissem de definições para a Ordem: "Os irmãos Templários, que Deus criou para a defesa da província e aos quais concedeu proteção especial, desejam obter aprovação apostólica

---

[21] - *História e Lenda dos Templários*, pág. 22.

[22] - Parece-nos bem citar Juan de Garten, em *Os Templários*: "Ao princípio, os Templários gozavam de grande estima por sua piedade, bravura e desprezo pelos bens materiais. Tinham honra em não trocar nunca seus mantos até que eles se deteriorassem completamente pelo uso ou fossem atravessados pelas armas dos inimigos. Em contraste com os cavaleiros da época, os Templários raramente se asseavam; suas barbas eram espessas e cerradas, assim como seus cabelos, compridos e sujos." (pág. 10). Igualmente nos merece nota o escrito de José António dos Santos, em *Monumentos das ordens militares do Templo e de Christo em Tomar*: "A fama dos seus heróicos feitos impelliu para o seio d'esta milícia muitos mancebos pertencentes a famílias illustres e opulentas dos diversos reinos em que se achava admitida. (...) ⇒

e também uma *Regra* para governar as suas vidas"[23]. É, no entanto, também de crer que houvesse, igualmente, uma urgência da parte dos próprios Templários em tal propósito, a fazer fé em uma carta enviada, da Europa para Jerusalém, por Hughes de Payen, cujos traços fundamentais podem ser definidos do seguinte modo:

> "Hugues afirma que a vocação inicial dos cavaleiros foi enfraquecida pelo demônio, e então busca tranquilizá-los por meio de citações espirituais. (...) O demônio tenta os irmãos com orgulho e ambição, e com a idéia de alcançar uma posição mais elevada. Hugues insiste em que eles devem resistir a esses desejos com humildade. Com paciência e humildade, eles servirão melhor a Deus. (...) À possível objeção de que

---

(Continuação da nota 22.) O século seguinte ao da fundação viu-a na posse de nove mil commendas cujos rendimentos se avalia em mais de vinte mil contos de réis; viu-a senhora de muitas povoações importantes e de grande número de castellos e praças fortes bem municiadas e guarnecidas; viu emfim os grãos-mestres hombreando com os príncipes em jerarchia e respeitos e excedendo-os em fausto e magnificiencia." (pp. 23-24). Por último, atentemos na pena de Eduardo Amarante e Françoise Terseur em *Templários: aspectos secretos da Ordem*: "Durante os dez anos que se seguiram ao concílio, não foi na Palestina que a Ordem cresceu, mas sim no Languedoc (sul da França), região de forte influência cátara. Os cavaleiros, que combatiam sob o gonfalão negro, travaram os seus primeiros combates contra os mouros em Espanha. (...) Os Templários, tal como os judeus, exerceram funções a que hoje chamaríamos bancárias. Fomentaram mesmo o emprego da letra de câmbio que fora inventada pelos banqueiros genoveses. Com efeito, os peregrinos que se deslocavam à Terra Santa, em vez de se exporem aos perigos que implica o transporte pessoal de dinheiro, faziam um depósito numa casa da Ordem e recebiam a quantia correspondente na Palestina, ou levantavam-na aos poucos, consoante as necessidades, nas casas da Ordem situadas ao longo do percurso, sempre mediante a apresentação de um recibo." (pp. 15-16)

[23] - Obra citada de Edward Burman, pág. 23.

[24] - Idem, pp. 24-25.

os deveres militares podem ser um obstáculo à paz de espírito essencial para a contemplação, ele argumenta que até mesmo os contemplativos têm de realizar algum trabalho e não podem viver sem dedicar tempo a outras atividades além da contemplação. (...) A natureza multiforme das sugestões do demônio é enfatizada, em especial a idéia de que os irmãos Templários são meros servos. Hugues insiste na idéia de uma associação de irmãos livres e em que o serviço em tal associação pode conduzir à salvação."[24]

Temendo que a desmoralização dos seus apaniguados se tornasse uma realidade, esta missiva permite descansá-los (tem a intenção de aliviar a consciência deles). Por outro lado, a referida carta dá a conhecer o lado fervorosamente religioso do primeiro Mestre da Ordem do Templo. Hughes de Payen estava a trabalhar arduamente, e em várias frentes, para alcançar os seus intentos. E, de fato, em Janeiro de 1128, tem início em Troyes um Concílio que possui como principal objetivo analisar as intenções dos Templários. Aqui, a influência de S. Bernardo de Claraval[25], sobrinho de um dos nove cavaleiros iniciais, no caso Hughes de Champagne, é decisiva.

Guilherme de Tiro descreve a situação: "nove anos após a fundação dessa Ordem, os cavaleiros ainda andavam em trajes civis. Usavam as roupas que as pessoas, para a salvação de suas almas, lhes davam. Durante esse ano, foi realizado um concílio em Troyes, na França. Nele,

[25] - A este propósito transcreveremos um pouco do texto de S. Bernardo, intitulado *Em Louvor de uma Nova Cavalaria (Liber ad milites Templi: De laude novae militae)*, cuja finalidade era exortar o espírito dos Cavaleiros Templários para os novos desafios que se iriam seguir à instituição oficial da Ordem. O presente texto faz parte da obra *The Cistercians Fathers Series: Nr. 19, The Works of Bernard of Clairvaux: V. VII, Treatises III*, com tradução de Conrad Greenia, Cistercian Publications, Kalamazoo – Michigan (1977). ⇒

estiveram os arcebispos de Reims e Sens, com seus sufragâneos; o bispo de Albano, núncio do papa; os abades de Citeaux, Clairvaux, Potigny; e muitos outros. Nesse concílio, por ordem do papa Honório e de Estêvão, patriarca de Jerusalém, foi criada uma regra para essa Ordem e foi-lhes atribuído um hábito branco"[26].

Foi, então, este o passo último para que a legalização dos Cavaleiros Templários se tornasse uma realidade. E do Concílio de Troyes, após uma discussão individual e pormenorizada de cada artigo, saiu a chamada Regra Latina, composta por setenta e dois artigos.

"Este poço da iniciação não é uma lenda, mas a pura realidade; existe em todos os lugares esotéricos onde passaram os Templários."

(Continuação da nota 25.) Podemos consultar, *on-line*, em diversas moradas virtuais, das quais destacamos as seguintes: *http://orb.rhodes.edu/encyclop/religion/monastic/bernard.htm* (enciclopédia de estudos medievais) e em *http://www.knight.hpg.ig.com.br/laude.htm*. "Mas os Cavaleiros de Cristo podem combater, de forma segura, as batalhas do seu Senhor, não temendo se derrotam o inimigo ou se morrem; visto que infligir a morte ou morrer por Cristo não é pecado, mas, pelo contrário, um abundante apelo à glória. No primeiro caso, ganha-se por Cristo e no segundo ganha-se o próprio Cristo. (...) Se ele mata um malfeitor, ele não é um assassino, mas, se assim o posso afirmar, um matador do mal. (...) Rejubilai Jerusalém e reconhecei a altura em que és visitada! Alegrai-te e rezai, restos de Jerusalém, pois o Senhor confortou o seu povo. Ele resgatou Jerusalém. O Senhor mostrou o seu santo braço à vista de todos. Ó virgem de Israel, caíste e não havia ninguém para levantar-te. Levanta-te e sacode o pó, Ó virgem, filha cativa de Sião. Levanta-te, digo eu, e põe-te direita. Observa a alegria que te surge vinda de Deus. Não mais serás referida como a esquecida."

[26] - Edward Burman, pág. 29.

3. A Regra

«A Regra original foi escrita em latim e, mais tarde, traduzida para o francês. Compunha-se de 72 artigos que, no início, eram muito severos; depois, com o passar dos anos, foram ficando mais brandos. A disciplina era férrea, até humilhante, pois, no começo da Ordem, os "neófitos" estavam sujeitos a duros trabalhos manuais, tais como acender o forno, fazer funcionar o moinho, limpar o chão da cozinha, cuidar dos estábulos, dos cavalos e dos porcos. Para a admissão, reunia-se o Capítulo, que interrogava o postulante. O cerimonial era simples, porém de profundo significado. A Regra da Ordem não continha cláusulas secretas como muitos historiadores pretendem.»

David Caparelli e Pier Campadello, *Templários – Sua origem mística*

Dado o cariz da presente obra, e até para uma percepção do leitor sobre os pormenores mais teóricos da Ordem dos Pobres Cavaleiros do Templo de Salomão, entendemos colocar um capítulo dedicado à Regra Latina, naturalmente com uma seleção da mesma, para incluir apenas o indispensável. No final, segue-se uma breve análise ao texto, assim como uma explanação de outras questões ligadas à estrutura interna da Ordem.

Regra dos Cavaleiros Pobres do Templo de Jerusalém *(Regula Pauperum Commilitonum Templi in Sancta Civitae)* [27]

- Se algum faltar ao Ofício Divino por ocupações da Cristandade do Oriente (de cujo acidente não duvidarmos) na tal ausência julgamos por louvável, e declaramos unânimes por devido, que pelas Matinas rezem três vezes o Pai-Nosso, e por cada uma das outras sete, e pelas Vésperas nove. Porque os assim ocupados em trabalhos de tanta utilidade, não podem acudir a tempo ao Ofício Divino; mas, se puderem, não deixem passar o tempo, sem cumprir a obrigação do seu Instituto.
- As ofertas, e todo o gênero de esmolas que se fizerem de qualquer sorte aos Capelães, e aos demais, que por tempo certo assistem, com especial cuidado mandamos se dêem à Comunidade de todo o Capítulo. Aos Ministros pois, e criados da Igreja se lhes dê somente o sustento, e vestido com a decência conveniente; e não poderão eles pretender, que se lhes dê mais; senão quando os Mestres por sua graciosa vontade lhes quiserem dar alguma cousa mais.
- Há Cavaleiros, que por tempo certo, e determinado vivem em união com nós outros na Casa de Deus, e Templo de Salomão. Pelo que com especial paixão vos pedimos, rogamos, e finalmente com todo o encarecimento vos mandamos, que quando a temerosa Mão de Deus tirar algum desta vida, deis, pela alma do defunto, a um pobre de comer por sete dias.

---

[27] - A obra consultada, para obtermos o original da Regra é exatamente *La Règle du Temple*, da autoria de Henri de Curzon, cujo original remonta a 1886, da editora Librarie Renouard (Paris). Atualmente, em versão portuguesa, temos o excelente trabalho de análise de Pinharanda Gomes (na sua obra *A Regra Primitiva dos Cavaleiros Templários* faz uma explanação narrativa muito interessante, analisando as várias vertentes que se prendem com a Regra propriamente dita).

- Entendemos, que todos comeis em Comunidade em uma casa, ou Refeitório; aonde se faltar alguma cousa (ignorando o sinal com que se há-de pedir) se pedirá particularmente, e sem fazer ruído, porque sempre, ainda as cousas, que são precisas, haveis de buscar com humildade, e sujeição, e mais particularmente na mesa, pois como diz o Apóstolo: *Come o teu pão com silêncio.* (...)
- Ao jantar, e ceia se leia sempre algum livro sagrado. E se amamos ao Senhor, com muita atenção devemos escutar os seus saudáveis conselhos e preceitos: e o que ler faça sinal, para que todos se calem.
- Não se coma mais que três vezes carne na semana, excepto nas Festas do Nascimento, da Virgem Maria Nossa Senhora, e de Todos os Santos; porque o comer ordinariamente carne é um estrago dissimulado do corpo. Porém, se na terça-feira cair algum jejum da Igreja, em que se proíbe de comer carne, no dia seguinte se dê com mais abundância a todos. No Domingo aos Religiosos perpétuos, e Capelães, se lhes dêem dois pratos em honra da Sagrada Ressurreição de Nosso Senhor Jesus Cristo. Os demais, como são os escudeiros, e criados contentem-se com um, e o recebam com ação de graças.
- Convém, que comam geralmente todos de dois a dois, para que um cuide com atenção do outro, e se não introduza no comer asperezas de vida em abstinências dissimuladas. Julgamos, que a cada um dos Soldados, ou Religiosos se lhes dê com igualdade, e pela mesma medida a ração do vinho.
- Nos mais dias, que são segunda, quarta e sábado, parece-nos que basta dar-lhes dois ou três pratos de legumes, ou semelhantes guisados. E mandamos que se observe assim, porque se algum deles não comer de um, coma do outro.
- Nas sextas-feiras, desde a Festa de todos os Santos, até à da Ressurreição (não sendo dia de Natal, festas de Nossa Senhora ou de Apóstolos), temos por mui louvável que comam todos na mesma forma;

que na Quaresma, uma vez ao dia, em reverência da Paixão do Senhor, excepto os enfermos, e achacados. No outro tempo, não havendo jejum universal, comam duas vezes ao dia.

● Mandamos, sem excepção de pessoa alguma, dêem todos depois de jantar e cear, as devidas graças, com um coração humilde, ao nosso Sumo Procurador Jesus Cristo, ou na Igreja se estiver junto, ou no mesmo lugar da mesa. Guarde-se o pão (que ficar inteiro), e dos pedaços, que sobejarem e se dêem aos pobres e criados.

● Ainda que aos pobres lhes está prometido o prêmio da pobreza, que é o Reino dos Céus, com tudo isto, vós outros, a quem confessa por pobres a Fé Cristã, dareis ao Esmoler[28] o dízimo de todo o pão que vos derem.

● Ao pôr-do-sol, ouvido o sinal conforme o costume dessa região, convém muito que todos vão a Completas; porém, antes delas, desejamos que tomem uma colação em Comunidade. Esta refeição deixamos ao arbítrio do Mestre, quer seja de água ou de vinho aguado, como ele o dispuser e mandar; porém convém que isto não seja com demasia e destemperança, mas parcamente; pois vemos, que também os sábios se descompõem com o vinho.

● Acabadas as Completas, é conveniente que se vão recolher: saindo das Completas nenhum fale em lugares públicos, senão de cousas necessárias; e o que tiver de falar com o seu escudeiro seja em voz baixa. (...) Mandamos pois que se guarde o silêncio, porque está escrito: *Que no muito falar não faltará pecado*, e em outra parte: *A morte e a vida estão nas mãos da língua*. Naquela proibimos as chanças e palavras ociosas, que ocasionam riso: e mandamos que, se algum tiver falado com pouca atenção, reze, quando se for deitar, um Pai-Nosso com toda a humildade e devoção.

---

[28] - Do termo francês *almornier*, significa "pessoa encarregada de distribuir esmolas", p. 668 (V. II), *Grande Dicionário da Língua Portuguesa.*

- Porque se manifesta não ser justo, que se levantem a Matinas, os que se acharem cansados. Mandamos que, com licença do Mestre, ou do que estiver em seu lugar, descansem; e depois cantem as treze orações assinaladas; de sorte que com as vozes se ajuste a atenção, pois diz o Profeta: *Cantai ao Senhor sabiamente*, e em outra parte: *Em presença dos Anjos cantarei os vossos louvores*, mas isto sempre a arbítrio do Mestre.
- Nós ordenamos que os hábitos de todos os Irmãos deverão ser de uma só cor, a saber: branca, preta ou castanha. E garantimos a todos os Irmãos Cavaleiros no Inverno e no Verão, se possível, um manto branco; e a ninguém, que não pertença aos denominados Cavaleiros de Cristo, será permitido envergar o manto branco, para que aqueles que abandonem a vida de escuridão se reconheçam mutuamente como tendo-se reconciliado com o Criador através do símbolo dos hábitos brancos: que significa pureza e castidade completa. (...) Proibimos sapatos pontiagudos e atacadores e proibimos qualquer Irmão de os usar (...) Pois essas abomináveis coisas são manifestamente conhecidas serem pertenças dos pagãos.
- Usem pois *(os criados)* vestidos negros, e se não os acharem dessa cor, vistam do que se puder achar naquela Província, ou o mais grosseiro vestido, que de uma cor se puder descobrir, como o burel.
- A nenhum tempo seja lícito trazer mantos brancos, ou capas da dita cor, senão aos Cavaleiros perpétuos de Cristo.
- Determinamos de comum consentimento, que nenhum Cavaleiro use de peles preciosas para vestido comum, nem para cobertor, senão de peles de cordeiros ou carneiros.
- O Roupeiro procure com todo o cuidado distribuir os vestidos velhos aos escudeiros, criados e pobres, fiel e igualmente.
- Se algum Irmão, como devido, e com ânimo soberbo, pretender os vestidos mais novos e curiosos; por tal pretensão merece que se lhes dê os piores.

- Convém que os procuradores dos vestidos procure dá-los ajustados à estatura de cada um, que não seja mais largo ou curto: e nisto seja curioso.
- O Procurador, no tamanho dos vestidos, como se disse acima, observe com amor fraternal ajustar a medida, para que os olhos dos murmuradores, que tudo censuram, não tenham que notar. E em tudo considere a justiça e igualdade de Deus.
- A todos, principalmente os que não estão na campanha, convém terem cortado os cabelos, a uma mesma proporção, e pelos lados da cabeça com a mesma ordem; e o mesmo se guarde na barba; para que não se note o vício em demasia e gala.
- Não há dúvida que é de Gentios levar trança e copetes; e pois isto parece tão mal a todos, o proibimos, e mandamos que nenhum traga tal alinho, nem permitimos, aos que servem por determinado tempo, estas tranças e copetes. E mandamos que não tragam crescido o cabelo, nem os vestidos demasiadamente compridos; porque aos que servem ao Sumo Criador, lhes é necessária a interior e exterior pureza, afirmando-o assim quem disse: *Sede puros, porque eu o sou.*
- Cada um dos militares pode ter três cavalos, porque a muita pobreza da Casa de Deus, e Templo de Salomão, não dá lugar a que por ora seja maior o número: salvo com licença do Mestre.
- Pela mesma causa concedemos a cada um dos Cavaleiros um escudeiro somente. Porém se este servir sem estipêndio graciosamente, ou pelo amor de Deus; a nenhum é lícito maltratá-lo ou castigá-lo, ainda havendo alguma culpa.
- Mandamos que de nenhuma sorte se leve ouro ou prata (que é especialmente precioso) nos freios, peitorais, esporas e estribos: nem seja lícito, a qualquer dos Militares perpétuos, comprá-los. Porém, se de esmola lhes derem alguns destes instrumentos velhos e usados, cubram o ouro, e a prata da sorte, que o seu luzimento e riqueza a ninguém pareça vaidade. Porém se os que se derem forem novos, o Mestre disponha deles a seu arbítrio.

- Não se ponham guarnições nas lanças, nem escudos, porque isto não só não é de utilidade alguma, porém se reputa por danosa a todos.
- Pode o Mestre dar cavalos e armas, e tudo o que quiser, a quem lhe parecer por bem.
- A ninguém se concede ter cota ou malha em propriedade. Manifestar-se-ão de sorte que nenhum possa usar delas sem licença do Mestre, ou de quem tem o seu lugar nos negócios da Casa. Nesta Regra não se compreendem os Procuradores, e os que vivem em várias terras, nem os Mestres Provinciais.
- Nenhum dos Religiosos pode abrir cartas de seu Pai, ou de qualquer outra pessoa, nem outrossim uns dos outros, sem licença do Mestre ou Procurador. Depois que tiver licença, leia a carta diante do Mestre, se ele quiser. Se seus pais lhe mandarem alguma cousa, não se atreva a recebê-la sem gosto do Mestre. Esta Regra não se entende com o Mestre, nem Procurador da Casa.
- (...) Vedamos pois, e com todo o esforço proibimos, que algum dos Religiosos perpétuos se atreva a referir de si, ou de outros os descaminhos da sua vida secular, que teve com mulheres perdidas: e se algum ouvir a outro tais palavras, o faça calar, e tanto que puder, com passos obedientes se saia da conversação, e não se dê a sua alma ouvido a quem vende tal veneno.
- Convém andar com toda modéstia religiosa, e sem risadas, e com humildade, falando pouco, e a seu tempo, e sem levantar muito a voz. Especialmente mandamos que nenhum Religioso professo intente nos bosques perseguir feras com besta ou arco, nem vá a esse fim com quem caçar, senão para guardá-los dos pérfidos Gentios: não incite os cães, nem pique o cavalo com intento de caçar alguma fera.
- Nós coletivamente proibimos qualquer Irmão de caçar um pássaro com outro pássaro. Não é de bom-tom que um homem religioso ceda a prazeres. (...) A acima mencionada proibição de caçar não inclui o leão,

pois este movimenta-se em busca de tudo o que consiga devorar, as suas mãos contra todo o homem e as mãos de todos os homens contra ele.

- Por Divina Providência, como cremos, se começou por vós outros este novo gênero de Religião nestes santos Lugares; para que juntásseis com a Religião a Milícia, e fique a Religião fortificada com as armas, para fazer guerra justa ao inimigo. Com razão pois julgamos que se vos chamais Soldados do Templo tenhais e possuais (pelo insigne e especial merecimento da Santidade) casas, terras, vassalos, obreiros e os governeis e cobreis deles o tributo instituído e determinado.
- Nós ordenamos, mercê de conselho pio, que os Irmãos fracos e idosos deverão ser honrados com diligência. (...) Deixai os Irmãos doentes ser tratados com consideração e servidos de acordo com as palavras do evangelista e de Jesus Cristo: *Infirmus fui et visitastis me*. O que significa: *Eu estive doente e visitaste-me*.
- Mandamos encarecidamente aos Enfermeiros, que com toda a atenção dêem o que for necessário para o serviço e cura de qualquer enfermidade conforme a possibilidade da Casa: carne, aves e o mais necessário.
- Há-de haver grande cuidado em que um não dê a outro ocasião de sentimentos; porque a Suma Clemência uniu com vínculo de Irmandade e amor igualmente aos ricos e aos pobres.
- Se um homem casado solicitar admissão à fraternidade, benefício e devoções da Casa, permiti-vos que o recebais nas seguintes condições: após a sua morte que vos deixai uma parte das suas posses até à altura e a totalidade daquilo que conseguir após a admissão. (...) Mas ele não deverá usar hábitos ou mantos brancos; para além do mais, se o senhor falecer antes da sua esposa, os Irmãos deverão assumir parte dos seus bens e deixar o resto à senhora.
- É muito perigoso, fora deste caso, unir com vós outros algumas Irmãs; porque o inimigo comum derrubou a muitos a caminho do Céu, pela conversação das mulheres. E assim, caríssimos Irmãos, para guardar em flor a pureza, não se permita daqui em diante tal trato e comunicação.

- Onde vós sabeis que existam cavaleiros excomungados para ser congregados, então comando-vos que vás; e se algum desejar ingressar na Ordem de Cavalaria de regiões ultramarinas, não devereis considerar nada mais valioso que a salvação da sua alma.
- Se algum cavaleiro secular, ou qualquer outro homem, deseje abandonar a massa de perdição e essa vida secular e pretenda receber a nossa vida comunal, não consintais em recebê-lo imediatamente, pois assim disse o meu senhor S. Paulo: *Probate spiritus si ex Deo sun.* O que significa: *Testai a alma para ver se vem de Deus.*
- Mandamos que não chamem todos os Freires à consulta, mas somente aqueles que ao Mestre parecerem de Juízo e prudência. Mas quando se tratarem outras cousas maiores, como dar uma Comenda, disputar sobre cousas da Ordem, ou receber algum Religioso, então chame o Mestre toda a Congregação, parecendo-lhe conveniente, e ouvido o parecer de todos, siga-se o que o Mestre julgar por melhor.
- Mandamos de comum parecer, que rezem conforme o fervor e devoção de cada um, sentados ou em pé; porém com suma reverência e modéstia, sem fazer ruído, para que um não estorve o outro.
- Apesar da regra do Santo Padre permitir a recepção de crianças, nós não vos aconselhamos a fazer isso. Aquele que desejar oferecer eternamente a sua criança à Ordem de Cavalaria, deverá criá-lo até ele estar pronto a segurar armas com vigor e libertar a terra dos inimigos de Jesus Cristo.
- Convém respeitar aos mais velhos e ajudar a fraqueza das suas forças e não lhes dêem com miséria o necessário com observância da Regra.
- Irmãos que sejam enviados para diversos países no Mundo deverão esforçar-se por manter os desígnios da Regra de acordo com a sua habilidade e viver sem mácula no que diz respeito à carne e vinho, etc., a fim de que as suas ações sejam bem vistas pelas pessoas alheias à Ordem (...) E, se possível, a Casa onde dormem e se encontram instalados não deverá estar sem luz durante a noite, para que os inimigos na sombra não sejam tentados a praticar atos de malvadez, algo que Deus proíbe.

- A todos os Religiosos se dê o sustento necessário com igualdade, conforme a possibilidade da Casa; porque não é justa a acepção das pessoas, mas é necessário prestar atenção aos enfermos.
- Se algum na conversação, ou na campanha, cair em alguma falta leve, ele por sua vontade a descubra ao Mestre, para satisfazer por ela. Culpas leves se não forem mui frequentes, castiguem-se com leve penitência. Porém se calando ele a sua culpa, outro a descobrir ao Mestre, castigue-se com maior e mais rigorosa pena. Mas se a culpa for grave, separem-no da comunicação dos mais Religiosos, nem coma conjuntamente com eles, para ficar livre e seguro no dia do Juízo.
- Há-de prevenir-se primeiramente que nenhum fraco, esforçado, poderoso ou pobre se pretender adiantar-se ou avantajar-se aos mais fique sem castigo; e se não se emendar, dê-se-lhe maior penitência. Porém, se com avisos suaves e Orações não quiser emendar-se, antes de se desvanecer mais, e sem se ensoberbecer, lance-se então do rebanho de Cristo, seguindo ao Apóstolo que diz: *Lançai da vossa companhia o mau.* É forçoso separar a ovelha empestada da comunicação dos Fiéis. O Mestre, pois, que tem o báculo e a vara (báculo para sustentar os fracos, vara para castigar com zelo santo os delitos) não se resolva a castigar, senão com o parecer do Patriarca, e havendo-o encomendado a Deus; e não seja, diz S. Máximo: *Que a demasiada brandura relaxe o justo rigor, ou a demasiada aspereza desespere os delinquentes.*
- Por atender ao muito calor das partes Orientais, da Páscoa à Ressurreição até à Festa de Todos os Santos, se dê uma camisa de linho, e não mais; não por obrigação, mas por graça ou Indulgência a cada um, àquele, digno, que quiser usar. Porém no mais tempo todos vistam camisolas de lã.
- De comum parecer mandamos, que não sendo com grave ocasião, durma cada um em cama aparte. Tenha cada um seu leito decente conforme a disposição do Mestre. Parece-nos que basta a cada um

enxerga, almofada e manta. A quem faltar alguma destas três cousas, dê-se-lhe um cobertor, ou sobre-cama, e em todo o tempo se lhe permite um lençol de linho. Não durmam sem camisa, nem ceroulas: e não falte luz toda a noite no dormitório dos Irmãos.

- Mandamos que fujais da emulação, invejas e murmurações, como de perniciosíssima peste. Cuide muito cada um em não culpar, nem murmurar do seu Irmão, nem em ausência, conforme o conselho do Apóstolo: *Não sejas incriminador, nem murmurador no povo.* (...)
- É mui perigoso e arriscado atender com curiosidade e cuidado ao rosto das mulheres. E assim nenhum se atreva a dar ósculo a viúva nem donzela, nem a mulher alguma, ainda que mui chegada em parentesco, como mãe, irmã ou tia. Fuja o Cavaleiro de Cristo dos afagos da mulher, que põem ao homem no último risco; para que, com pura vida e segura consciência, chegue a gozar de Deus para sempre. *Ámen.*

Fim da Regra.

Não se tratando de uma matéria que, geralmente, tenha despertado grande interesse aos investigadores do tema, a verdade é que a Regra Templária manifesta-se rica de fé e crença em algo de muito forte (obediência cega) – consubstanciado no pormenor de as exigências aos cavaleiros serem imensas e de, conforme foram relatados os casos, serem quase sempre cumpridas. Aliás, os membros da Ordem do Templo eram conhecidos pelo cumprimento escrupuloso de todas as definições a todos os juramentos a que haviam sido submetidos. Nesta ordem de idéias, o Mestre era o líder supremo, incontestado e a sua palavra tinha mais força que a Lei. A crença divina estava de tal forma impregnada nos cavaleiros templários que, não havendo outra hipótese em combate senão a fuga, era exatamente o contrário que eles faziam, preferindo a morte por Deus, que a salvação desonrosa e condenando a alma a um purgatório eterno.

A pobreza manifesta-se na Regra de diversas maneiras e, na realidade, sabe-se que os membros da Ordem, apesar de opulência posterior da estrutura em si, não se sentiram nunca tentados a demonstrá-la em seus próprios corpos. Não há meias medidas: por exemplo, no plano do vestuário, se algum irmão procurasse os vestidos mais novos, demonstrando vaidade, a esse competiria ficar com o mais usado, de entre os piores. Para além disso, não haveria possibilidade de os cavalos serem ricamente decorados, nem as vestes diferentes do estipulado, nem tão pouco os adornos pessoais permitidos.

A castidade era ponto presente em tudo o que dissesse respeito ao cavaleiro – não havia permissão de se falar sobre elementos do sexo feminino, nem tampouco eram permitidos os contatos, inclusive com familiares próximas, como mãe ou irmãs; a proibição da existência de freiras nos conventos (que, hoje em dia se sabe, por documentos fidedignos, terem existido alguns séculos mais tarde, também no Convento de Cristo em Tomar) era ponto assente; e, ainda tendo em linha de conta os prazeres carnais, é ordenado que exista sempre um foco luminoso, nos dormitórios, durante a noite, para impedir que a calada da noite trouxesse acontecimentos pecaminosos.

Acreditamos que a leitura destes excertos da Regra[29] serão suficientes para entender aquilo a que os Cavaleiros Templários se propunham e que, larga medida, vieram a alcançar – um grupo sólido, independentemente da largueza de ações (recorde-se que chegaram a ter possessões em vários países, tão longínquos da Península Ibérica quanto Jerusalém) e sempre

[29] - O que se entende efetivamente por "Regra"? Ora bem, segundo o *Grande Dicionário da Língua Portuguesa*, regra é "qualquer princípio, prescrição, lei, norma que pode prescrever ou regular a acção ou o comportamento. O que se acha determinado pela lei, pelo uso. A norma ou linha de conduta dos homens, ditada pelas necessidades de convívio, ordem, disciplina e solidariedade na vida social". Efetivamente, era isto mesmo que se encontrava definido da Regra Primitiva dos Cavaleiros Templários. De acordo com Pinharanda Gomes, na sua obra atrás citada, "A Regra, a Ordem é o que é; o que dela consta é a letra segundo a letra. ⇒

atuaram como um corpo uniforme, sem levantamento de questões, sem deposições forçadas de Mestre e sem grandes problemas de indisciplina (quanto a este pormenor, há quem considere que, em certos momentos e em determinados locais, algumas hostes templárias ter-se-iam tornado meros rufiões e viciados em bebidas alcoólicas. É óbvio que, qualquer pessoa facilmente compreenderá a dificuldade de ter um domínio absoluto sobre tão grande número de indivíduos e de cumprir escrupulosamente regras tão severas. Mas a Ordem do Templo, por assim dizer, aproximou-se bastante da perfeição nesta matéria).

Por último, gostaríamos de explanar um pouco sobre a estrutura hierárquica da Ordem dos Cavaleiros Templários. Atentemos nas palavras de um reputado investigador:

> "De acordo com essa *Regra*, a hierarquia dos Cavaleiros Templários é a seguinte, com privilégios, deveres, armas, direitos e equipamentos especificados nos parágrafos mencionados: Grão-Mestre, Senescal, Marechal, Chefe do Reino de Jerusalém, Chefe da Cidade de Jerusalém, Chefe de Trípoli e Antioquia, *Drapier*, Chefes de Casas, Chefes de Cavaleiros, Irmãos Cavaleiros e Sargentos do Mosteiro, *Turcopolier*, Submarechal (um sargento), Irmãos-sargentos

---

⇒ Não permite leituras alegóricas, nem poéticas, nem simbólicas. Se a Regra diz «não comer» significa mesmo isso: «não comer». A Regra diz o que diz, e só o que diz. (...) A Regra é um ato sacro. (...) A Regra é uma oração. Quando o professo realiza a profissão, temporária ou solene, ele procede ao juramento da Regra. Recebe-a. (...) A Regra lê-se. Primeiro, é lida como oração no silêncio da cela. Segundo, é lida em comunidade, sobretudo no chamado «ofício do capítulo». (...) A Regra Templária difere das Regras monásticas, já das contemplativas orientais, e mesmo do consuetudinário cartusiano da vida contemplativa. Ela nasce da urgência da custódia dos lugares santos, da defesa dos peregrinos à Terra Santa, instituindo-se como cruzada em mobilização permanente, como associação regular de «leigos da paz», que assumem a Cavalaria numa perspectiva de serviço eclesial." (pág. 11)

chefes de casas, Irmãos rurais (*frères casaliers*) e Irmãos assistentes de doentes (*frères infirmiers*). Além destas categorias, os Templários tinham um extenso número de criados (*frères de metier*), que realizavam as tarefas essenciais dessa Ordem tão grande – cavalariços, cozinheiros e executores de outros trabalhos servis. Além disso, algumas dessas ocupações, por exemplo a de *drapier*, responsável pelas tropas recrutadas no local, treinadas pelo método da cavalaria leve bizantina, eram própria na Terra Santa. No todo, porém, as categorias – e em especial as mais elevadas – estavam de acordo com a estrutura feudal da Europa medieval.

Havia também categorias mais indefinidas de cavaleiros associados e temporários e sargentos. Os associados (*affiliés*) abrangiam irmãos casados (*frères mariés* e *confrères*), ao passo que alguns membros ingressavam na Ordem por um período estipulado previamente, tal como a duração de uma única cruzada; estes eram chamados irmãos *ad terminum* (*frères a termine*). Uma outra categoria, mais complexa, consistia naqueles que pagavam uma taxa anual *pro fraternitate* como membros leigos ou associados, a fim de garantir os benefícios espirituais, as preces e as intercessões com que os Templários eram privilegiados."[30]

Enfim, em jeito de conclusão, podemos considerar que tudo o que foi anteriormente exposto nos permite vislumbrar um pouco mais do que seria a atividade da Ordem dos Cavaleiros Templários. Uma estrutura rígida mas eficaz que, quando da sua fase contemplativa funcionava de maneira a que todos contribuíssem, com as suas funções, para um bem comum e que, por outro lado, em altura de batalha, os fazia distinguirem-se dos demais, pelo seu conhecimento posicional perfeito, pelo arrumo junto do seu símbolo máximo, o *Beausant*, e, evidentemente, por uma postura militar de jamais capitular ante o inimigo.

«Não quizeram (sic) os Templários cair no erro de Salomão e, ao construírem os seus templos[31], evitaram atrair a cobiça dos homens: na simplicidade e espiritualidade basearam todas as suas construções, relegando para lugares secretos todas as suas riquezas. O ouro não era para eles um fim, mas um meio de proporcionar à Humanidade a felicidade verdadeira, sem que, a cobiça toldasse a razão e gerasse a inveja, o rancor, a guerra e a morte.»

Patrício Cristóvão, *O Tesouro Templário em Portugal*

A história da Ordem do Templo estava, após o Concílio de Troyes (1128), verdadeiramente prestes a começar. Até então, limitara-se a vegetar, como pensam alguns cronistas. Mas teria sido mesmo assim? Há teóricos que abordam a possibilidade de Hugues de Payen, e companheiros, terem encontrado, nas ruínas do Templo de Salomão, uma passagem secreta, cuja

[31] - Sobre este tópico, Juan de Garten, na sua obra citada, dá-nos uma análise que interessa aqui colocar. "Entre 1130 e 1180 tem início a construção massiva de igrejas góticas no Ocidente. (...) As dimensões e proporções da Catedral de Chartres supõem um conhecimento das medidas da Terra, algo que nem remotamente existia na época em que foi construída. Também, e isso é do conhecimento geral, os construtores das pirâmides do Egito possuíam esses conhecimentos. (...) A forma octogonal das igrejas templárias era utilizada por algumas irmandades obreiras, especialmente inglesas, antes do século XII. Isso explicaria o fato de que outras ordens religiosas houvessem utilizado o octógono na Inglaterra. O hermetismo cristão atribui ao número 8 o sentido da regeneração. Os Templários o usaram, além de em suas igrejas, na heráldica, nos graffitti e, muito especialmente, na Cruz das 8 beatitudes, que era a chave do seu alfabeto secreto, que pode ser inscrito num octógono." (pp. 79-85)

porta daria acesso a um lugar onde vieram a encontrar estranhas estatuetas, assim como a famosa "Lei Sagrada", que era, nem mais nem menos, que aquilo que o próprio Deus transmitira a Abraão.

Nas suas mãos teriam passado a figurar conhecimentos de tal forma importantes que, doravante, a Ordem acabou por tornar-se tão poderosa que a própria Igreja de Roma passou a encarar como natural a teoria da ressurreição de Cristo. A verdade é que os Templários possuíram riquezas imensas e um crescente poder, ao nível da influência política[32]. Se a razão para isso – que intriga todos os investigadores, foi ou não o fato atrás relatado, será difícil, se não impossível, de comprovar. Há quem no entanto, como nós, considere haver uma causa mais plausível.

> "Naquele momento, a influência de Bernardo dentro da Igreja estava atingindo o seu ponto culminante. Sob o seu

---

[32] - Em relação a este assunto, assinale-se que, como já sabemos, a Ordem do Templo quatro setas que apontam o centro, o lugar do N de nume romano de nazareno cristão; a casa hermética, a casa de Deus, o lugar santíssimo do Tabernáculo, a nova Jerusalém. Esta simbologia resultou no sacrário atual." iniciou-se com um pequeno grupo de cavaleiros, aparentemente nove. No entanto, doze anos depois da fundação (1130), o Mestre da Ordem já detinha, à sua disposição, 300 novos membros. No auge do seu poder, sabe-se que chegaram a deter quase dez mil títulos de possessões materiais, por todo o mundo. Relativamente a uma questão de secretismo dentro da ordem militar e religiosa, Isabel Cooper-Okley, na sua obra, *Maçonaria e Misticismo Medieval* (com a chancela da Editora Pensamento, 1988), afirma: "que havia uma doutrina secreta entre os Templários ficou demonstrado por Neaf; ele indica que os Templários consideram que a Igreja de Roma falhou em seus ideais e que, por ocasião das perseguições terríveis por que passaram, se dividiram e entraram para duas associações, uma entidade de maçons e outra, chamada de «joanitas». (...) Outro escritor refere a conexão entre Templários e Bogomilos, que eram os maniqueístas das províncias balcânicas e os gnósticos do primitivo período cristão e os seus descendentes medievais. (...) Dr. Simrock sugere uma ideia intensamente interessante com referência à conexão entre a tradição do Santo Graal, que é extraída, em algumas das suas partes, dos Evangelhos Apócrifos, é a base do ensinamento secreto dos Templários". Sobre este filósofo, convém citar o *Dicionário de Biografias*, Vol. 24 do "Grande Dicionário Universal", p. 8

comando, a antes enfraquecida Ordem de Cister passara de sete abadias, em 1118 – um ano antes da fundação dos Templários – para trezentas e vinte e oito abadias em 1152. Esse aumento trouxe-lhe um imenso poder, que é difícil entender nos dias de hoje. Não só contestou as reflexões filosóficas e o racionalismo de Pedro Abelardo[33], como criticou o que considerou os excessos estéticos do Abade Suger, de Saint Denis, em Paris, tendo o poder suficiente para repreender publicamente bispos, arcebispos e reis (Luís VI e Luís VII, de França), sem medo de represálias, sendo convocado para servir de árbitro em eleições episcopais impugnadas. No seu tratado «De Consideratione», especificou os deveres do papa e, de um modo geral, atuou como a «consciência do alto clero». O que Bernardo atacasse estava fadado ao fracasso; o que ele aprovasse, florescia. Desse modo, o seu apoio aos Cavaleiros Templários era praticamente uma garantia de sucesso da Ordem."[34]

---

[33] - Sobre este filósofo, convém citar o *Dicionário de Biografias*, Vol. 24 do "Grande Dicionário Universal", p. 8: "Filósofo francês, nasceu em Nantes e teve uma vida turbulenta, quer por assumir algumas posições cépticas relativamente a certos dogmas religiosos, quer pelo famoso caso amoroso que teve com a filósofa Heloísa. No plano da Filosofia destacou-se pela reflexão que produziu sobre a questão dos universais, propondo para esta uma solução realista moderada. Valorizou a dialéctica, como arte de análise do discurso, utilizando também a crítica dos textos teológicos. Da sua obra destaca-se *Sic et Non (Pró e Contra)* e *Scito te Ipsum (Conhece-te a ti mesmo)*." Sobre a relação com Heloísa, de notar que por ela se enamora no apogeu da sua fama, sendo esta preceptora de Fulbert. Heloísa tem um filho e casa-se em segredo com Pedro Abelardo (1079-1142), pelo que, em retaliação, Fulbert envia os seus algozes submetê-lo à mais infame mutilação que um homem pode sofrer. Tanto Heloísa como Abelardo se recolhem para grandes conventos. Pedro volta ao ensino, a pedido de vários dos seus antigos discípulos, mas é muito criticado pela Igreja e volta a um convento, vindo a morrer em Cluny.

[34] - *Templários: Os Cavaleiros de Deus*, Edward Burman, pp. 43-44.

Polêmicas à parte, a verdade é que a Ordem, alguns meses após o Concílio de Troyes, perde o seu primeiro Mestre, Hugues de Payen, seu fundador e principal obreiro. Sucede-lhe Roberto de Craon, alguém que fora escolhido, principalmente, pelas suas qualidades em termos diplomáticos. É, com ele, e com o apoio de uma falange bem mais composta de cavaleiros (longe iam os tempos de uma dúzia de Templários mostrando-se impotentes para defender os peregrinos ante as investidas dos saqueadores), que acontece a primeira batalha no Oriente, mais propriamente em Teqoa.

Aqui, em primeira instância, os cavaleiros Templários, e seus congéneres cristãos, demonstram grande apetência para o embate. Convém frisar que, entre os membros da Ordem, se encontrava a nata da cavalaria europeia, homens altamente treinados à exaustão, desde crianças, preparando-se para uma vida em prol dessa arte tão dignificada por aquela época. Por isso, não foi de estranhar que os cristãos tenham alcançado uma vitória tão fácil sobre os turcos, pelo menos aparentemente.

Até hoje, reside uma confusão nos investigadores sobre esta matéria: teria sido uma vitória clara ou uma estratégia dos inimigos? Inclinamo-nos para a primeira hipótese, tendo em vista que a estatura moral dos exércitos que combatiam os cristãos, os levava a não desistir ante dificuldades, nem tão pouco a virar as costas à luta, mesmo que por estratégia. Mas o fato foi que, em pouco tempo, a ordem dos acontecimentos inverteu-se.

> "O primeiro embate na Terra Santa de que se tem notícia ocorreu em 1138, quase duas décadas depois da instituição da Ordem. Guilhermo de Tiro, famoso cronista da época, conta que os turcos haviam se apoderado da cidade de Teqoa e Roberto de Craon, que havia substituído o fundador Hugo de Payens, frente a Ordem, retomou-a com a ajuda de vários cavaleiros. E por não haver perseguido os inimigos em fuga, esses se reagruparam e caíram de surpresa sobre os Templários, matando grande número deles."[35]

---

[35] - *Os Templários*, Juan de Garten, pág. 36.

Apesar destas vicissitudes, o certo é que o novo Mestre era exímio, não propriamente em batalhas, mas na atividade política (no sentido de conhecer as pessoas certas, em termos de influência nas decisões). Isso levou-o, inclusive, ao Ocidente, mais propriamente a Roma, para conversar com o papa Inocêncio II. Desta conversa, mediada, naturalmente, por São Bernardo de Claraval, surge a famosa bula *Omne Datum Optimum*.

Nela, os Templários alcançam o que jamais outra milícia religiosa conseguira: não só poderiam construir igrejas, sem nenhuma solicitação prévia às autoridades eclesiásticas locais, como também passariam a receber, por inteiro (ou seja, sem dividir com o prelado local), dízimos das suas possessões. Para além disso, foi-lhe dada a faculdade de construir cemitérios, para enterrarem os seus mortos e, ao mesmo tempo, parte dos despojos dos inimigos passavam a pertencer-lhes por direito inalienável. Para terminar, um outro direito passaria a pertencer-lhes, sem terem que prestar contas a ninguém: a eleição do Mestre.

Enfim, não só estavam a crescer em termos numéricos (com a sucessiva entrada de novos cavaleiros, nobres da mais fina estirpe européia, apesar das muitas exigências para alguém se tornar Templário), como viam os rendimentos financeiros atingir valores nunca sonhados no momento da criação. Acrescente-se a tudo isto, apenas uma pessoa em todo o mundo poderia ter alguma palavra a dizer junto da estrutura da Ordem do Templo: o papa! Mais nenhum membro da Igreja Católica poderia opinar ou interferir na atuação dos Templários, o que, para uma ordem militar e religiosa com apenas 21 anos de existência, nos parece, a todos os títulos, notável.

Mas as benesses não ficavam por aqui. “Em 1145 o papa Eugênio III concede aos Templários o distintivo da cruz vermelha, símbolo dos quatro pontos cardeais do Universo, que inicialmente era usado sobre o ombro esquerdo e mais tarde passou a ser usado no peito e nas costas. A cruz vermelha sobre o manto branco leva-nos ao simbolismo dessas duas cores, síntese do princípio da ordem: «sabedoria e amor para a regeneração universal» (...) Segundo outras interpretações, o branco fora o emblema da inocência e o vermelho do martírio."[36] Também nesta questão, a disputa com os bispos fora um fator determinante e, uma vez mais, a vitória surtira para os lados dos cavaleiros do Templo de Salomão. Com tudo isto, finalmente, a Ordem tinha uma estrutura completa[37] e estava pronta para se dedicar a um dos seus objetivos primordiais: a Terra Santa.

Em uma das suas primeiras atuações positivas, em mais uma Cruzada, o monarca francês Luís VII é fortemente assediado pelos turcos em terras do Oriente. A sua condição é assaz complicada, mas, graças ao apoio do contingente templário, a situação é controlada. A partir deste momento, os cavaleiros da Ordem do Templo receberam, o rei de França, a direção militar, ou seja, passariam a ser eles a controlar o rumo das operações, durante a batalha.

---

[36]- Eduardo Amarante e Françoise Terseur, *Templários: aspectos secretos da Ordem*, pág. 125. Ainda sobre a famosa Cruz Templária cite-se Patrício Cristóvão, em *Os Tesouros Templários de Portugal*, pág. 16: "A Cruz Templária é formada por quatro entradas de luz, quatro setas que apontam o centro, o lugar do N de nume romano de nazareno cristão; a casa hermética, a casa de Deus, o lugar santíssimo do Tabernáculo, a nova Jerusalém. Esta simbologia resultou no sacrário atual."

[37] - Cremos ser extremamente interessante focar aqui o aspecto da admissão na Ordem do Templo. Segundo a obra *Os Templários em terras de Portugal* de Mário Simões Dias, tomamos contato com esta matéria: "O que quisesse ser admitido na Ordem, devia fazer o pedido perante o Mestre e o Capítulo, depois de ter ouvido a leitura explicada da Regra, de ter ouvido uma exortação e de ter respondido a perguntas com respostas consideradas satisfatórias. Depois fazia o juramento com fórmula aproximada à que se segue: «Eu..., monge cavaleiro da Ordem do Templo, prometo a Nosso Senhor Jesus Cristo e ao romano pontífice... e a seus sucessores, que legitimamente entrarem, perpétua fidelidade e obediência para sempre; e também prometo sujeição, castidade e obediência a vós... Reverendo Mestre e seus sucessores, conforme os Estatutos dos Monges de Cister, diante de Deus e de seus santos, cujas relíquias se conservam neste lugar chamado... da Ordem dos Templários; assim Deus me ajude e estes Santos Evangelhos." (pág. 14) Ainda sobre este tema da admissão, favor consultar a obra *Ordem do Templo: Em Nome da Fé Cristã* (maiores informações na bibliografia).

E convém que atentemos nesta relação sempre privilegiada entre a corte francesa, e não só, e a Ordem templária, pois sabemos que "em 1190, Filipe Augusto, antes de partir para a cruzada, exigira que o tesouro real fosse confiado à guarda da Ordem do Templo. A Ordem detinha inclusive as chaves do seu cofre pessoal. Filipe, *o Ousado*, concedeu-lhes a mesma confiança. Henrique III de Inglaterra, que viera visitar São Luís, pedira para se hospedar na «mansão do Templo» como «o local mais seguro de Paris». Luís VI, Luís VII, tinham favorecido a implantação da Ordem. (...) As relações entre o Templo e a realeza pareciam, pois, desprovidas de nuvens."[38]

Então, Everardo de Barres, o futuro líder da Ordem, vai à Europa em nova missão de recrutamento e regressa com mais, aproximadamente, três centenas. Isto comprova, não só que os Templários conseguiam aliciar cada vez mais membros, mas também que as condições no Oriente eram complicadas e as perdas humanas extremamente elevadas. Em uma batalha seguinte, mais concretamente em Damasco, os cavaleiros da Ordem dão novas provas do seu valor e, enquanto todos os outros fogem, apenas eles se mantêm firmes no seu lugar, preferindo a morte à desonra da rendição.

Já com Everardo como líder máximo, o fracasso da II Cruzada é um fato evidente. A culpa, naturalmente, não fora pertença dos Templários, mas sim de todo um conjunto de matérias que inquinou o processo e a possibilidade de vitória. Sob a liderança do já citado Luís VII, esta nova incursão em território muçulmano, saldou-se por um fracasso. Porém, para os membros da milícia de Cristo, apesar da derrota, o seu prestígio engrandecera imenso e, de forma paralela, obtiveram grandes proventos do dinheiro emprestado ao monarca, para este poder efetivar esta cruzada divina.

---

[38] - *Os Templários: esses grandes senhores de mantos brancos*, Michel Lamy, pp. 229-230.

Profundamente amargurado com o fracasso desta II Cruzada, o Mestre Everardo de Barres abandona o Mestrado, algo que, até então, não tinha sucedido, e recolhe-se ao Mosteiro de Citeaux. O seu sucessor, Bernardo de Tremelay tem ainda pior sorte – na tentativa de conquistar Ascalon, morre, impotente para, com os seus quarenta cavaleiros, obter a tão ansiada vitória.

> "Em 25 de janeiro de 1153, a grande fortaleza de Ascalão, pertencente aos califas fatímidas do Egito, era utilizada como base militar contra os cristãos. Situava-se em ponto estratégico, suprida pelo mar desde Alexandria e por terra através da península Sinaítica. O rei Balduíno III resolveu sitiá-la com o apoio da Ordem dos Templários, comandada pelo seu Mestre Bernardo de Trémélay. A cidade só poderia ser tomada de assalto, porque o mar a abastecia e os egípcios não poderiam ser rendidos pela fome. A Ordem dos Hospitalários também foi convocada por Balduíno III para esta empreitada, e seu Mestre Raymundo de Le Puy resolveu construir uma torre mais alta do que os muros da cidade, sendo posicionada próximo ao local onde se encontravam os Templários. Os egípcios conseguiram atear fogo na torre, mas ela desmoronou-se sobre os muros da cidade produzindo uma brecha, através da qual irromperam o Mestre Bernardo de Trémélay com mais quarenta de seus homens. Todos, porém, foram cercados e mortos pelos egípcios. Seus corpos decapitados foram pendurados nos muros da cidade."[39]

[39] - *História e Mistérios dos Templários*, Pedro Silva, pp. 43-44.

No período de tempo que decorreu até à III Cruzada, os Templários bateram-se de, forma galharda, pelos seus objetivos[40]. Em 1179, o Mestre Odo de Saint-Amand[41], é morto no cativeiro, por se recusar a pagar um resgate, afirmando que "um Templário não pode oferecer como resgate mais do que o seu cinturão e a sua espada", frase que se tornou célebre, enquanto definidora da mentalidade templária em batalha. Mas as demonstrações de coragem não terminaram por aqui. Pouco depois, um pequeno exército, com 80 templários, bate 30 mil guerreiros islâmicos, em Montgisard.

Em seguida, o novo Mestre, Gerard de Ridefort, surge em cena. Porém, aos olhos de Raymond III, ele é considerado um mercenário, por problemas anteriores. Como vingança, o Mestre templário consegue colocar antes Guy de Lusignan no trono de Jerusalém.

---

[40] - Há quem diga que os Templários, não só tentaram cumprir os seus objetivos, mas, por vezes, foram um pouco mais além. Os célebres *Assassinos*, uma seita criada pelo "velho da montanha", um místico de nome Hassam Bem Sabbah, rebelaram-se contra os ismaelitas. Estes, devido à sua forma de actuar e atitude perante a vida, eram amiúde comparados com os Templários. Em 1124, o "velho da montanha" morre e sucede-lhe Kja Burzig Hamid, que se tornou ainda mais sanguinário, ao ponto de matar o filho do Conde de Tripoli, algo que os Templários não aceitaram. Num combate feroz, os cristãos vencem e obrigam os inimigos a um tributo anual de 12 mil peças de ouro. Em 1174, uma delegação dos *Assassinos*, aproveitando-se das más relações de Amaury com os Templários (nota: verificar nota de rodapé seguinte), propõe uma aliança contra os muçulmanos, em troca da eliminação do tributo. O rei aceita, mas a delegação dos *Assassinos* é degolada pelo templário Gautier de Mesnil e seus homens. Isso acirrou mais as divergências, com o rei de Jerusalém a pedir a dissolução da Ordem. A sua morte fez todo o processo diluir-se.

[41] - O qual sucedera a Bertrand de Blanquefort, cuja principal decisão no cargo fora a recusa total em seguir o rei de Jerusalém, Amaury, por este ter faltado à palavra com os Templários. Também há a teoria, assente em algumas bases sólidas, de que a força rival da Ordem do Templo, os Hospitalários, serem os principais instigadores do processo, pois vislumbravam no Egipto uma fonte de rendimento necessária para sarar as terríveis dificuldades financeiras que os assolavam. Para além disso, os Templários preferiam que, no caso em concreto, fosse utilizada a diplomacia, e não a força das armas. Enfim, a verdade é que sem o apoio da milícia, a nova campanha no Egipto salda-se por um rotundo fracasso. Era uma demonstração de força do Mestre perante as autoridades políticas locais.

> "Foi eleito (*nota: Gerard de Ridefort*) para a chefia da Ordem em 1184, quando o reino de Jerusalém atravessava uma grave crise. Tendo o rei Balduíno, sem filhos, sido atingido pela lepra, a regência fora confiada a Guy de Lusignan. Depois, Balduíno zangara-se com ele e designara para o seu lugar o Conde de Tripoli. Haviam-se formado dois partidos, prontos para entrarem em luta e imporem, cada um, o seu candidato. Outrora, Gerard de Ridefort esperara desposar a filha do Conde de Tripoli. As suas homenagens haviam sido repudiadas. Entrara então para a Ordem do Templo, mas guardara, no fundo do coração, uma ferida que não conseguia fechar-se. Tornado Grão-Mestre, a situação proporcionava-lhe uma ocasião para fazer pagar ao Conde de Tripoli a afronta que lhe inflingira. Tendo morrido Balduíno V, Ridefort conseguiu afastar o Conde de Tripoli da sucessão e impor a coroação de Guy de Lusignan."[42]

Assim sendo, o caminho estava novamente aberto para o Mestre do Templo e os seus apaniguados poderem dedicar-se à dura competição na Terra Santa. O perigo muçulmano era imenso e as forças desiguais. Por exemplo, Ridefort, com 140 cavaleiros templários, enfrentou Saladino e os seus 7 mil mamelucos. O resultado foi desastroso para as hostes cristãs. Em seguida, o confronto é menos desigual, mas o desfecho similar. 30 mil homens cristãos, a juntar a 1200 Templários, uniram-se para enfrentar a força irrefreável de Saladino. Apesar da forte oposição do poder político, o poder militar, nas mãos templárias, vence o braço-de-ferro. Entram na disputa e o resultado salda-se por um mar de sangue, do qual, claramente, os cristãos são a força derrotada, sem apelo nem agravo. Cativos ficam 230 Templários que, recusando-se, perante Saladino, a renegar a fé, são degolados.

---

[42] - Obra citada de Michel Lamy, pág.174.

A cidade de Jerusalém passaria, em pouco tempo, a ser pertença, novamente, da força muçulmana. Cercada a 20 de Setembro de 1187, por todos os lados, pelas forças infiéis, a Cidade Santa via o ar pejado de setas – não se tratava ainda de uma disputa corpo a corpo, que se seguiria, mas de um ataque aos entrincheirados soldados cristãos. Mas foi quando a batalha corpo a corpo finalmente começou que as baixas do lado cristão começaram a surgir, apesar da atitude corajosa. Num momento de pura estratégia, Saladino manda o grosso dos seus homens para um dos lados menos defendidos da cidade. Crendo que ele batia em retirada, as hostes cristãs rejubilaram, inicialmente, mas em breve perceberam a dura realidade. Atacados fortemente pelo exército do líder muçulmano, soçobraram em pouco tempo, perdendo, de forma inapelável, a cidade de Jerusalém.

> "Após semelhante desastre dos exércitos cristãos (*nota: primeiros combates com Saladino*), Saladino considera empresa fácil assediar Jerusalém, a três vezes santa, e tomar a cidade (1187), com o que se arruína toda obra Cruzada e os Santos Lugares passam para mãos muçulmanas, para quem também são sagrados (...) Jerusalém, como centro visível da cristandade, é a meta por antonomásia dos peregrinos, cujo périplo deixa de ter sentido, além de converter-se em uma empresa sumamente perigosa. Jerusalém, a Bem-amada, pertencerá, ao longo da história, a alguma das três religiões e sua importância reside em seu simbolismo, meta dos três credos, a que muitos chegam exaustos, consumindo suas últimas forças, após percorrer penosamente milhares de quilômetros, para beijar o solo do Santo Sepulcro e logo morrer. (...) Após o triunfo muçulmano, segue-se a conquista generalizada da maioria das possessões Cruzadas na Palestina, por parte das tropas de Saladino."[43]

Ver nota na página seguinte

Estes fatos virão a redundar na III Cruzada que traz Ricardo, *Coração de Leão*, como figura de proa. Há uma grande agitação em torno deste monarca, reconhecido pela sua coragem. O novo Mestre templário, Robert de Sablé apoia os seus intentos. Mais do que nunca, a força cristã tem de ser una e indivisível. As rivalidades anglo-francesas tornam tal necessidade impossível de concretizar. Ricardo, de Inglaterra, vê-se forçado a fugir, vestido como um templário, sendo detido apenas na Áustria, onde ficou em cativeiro por algum tempo.

Em 1219, os Templários ajudaram a tomar Damieta, mas, na batalha, falece o mais recente Mestre Guilherme de Chartres. O novo sultão, Al-Kemil, pouco experimentado nas artes do comando, temendo derrotas ainda maiores, propõe, em desespero, a troca de Jerusalém por Damieta. Porém, questões de somenos importância, impedem a concretização do acordo.

Nove anos depois, a confusão reinava: Frederico II desembarca em Acre e, através da diplomacia, recupera alguns locais como Toron e Jerusalém. Mas este acordo inclui várias exigências da parte do sultão, tais como: que os lugares santos permaneceriam sob a posse muçulmana e que não poderiam construir novas fortificações. Tudo isto pesou na decisão dos

---

[43] - *Os Templários*, Fernando D. Celaya, pp. 69-70. Ainda sobre a tomada de Jerusalém, e naturalmente entendendo um pouco melhor Saladino, atente-se no que vem escrito na obra *As Cruzadas vistas pelos Árabes*, de Amin Maalouf: "E na sexta-feira 2 de Outubro de 1187, o 27 de Rajab do ano 583 da Hégira, o próprio dia em que os muçulmanos festejam a viagem noturna do Profeta a Jerusalém, Saladino fez a sua entrada solene na cidade santa. Os seus emires e os seus soldados têm ordens rigorosas: nenhum cristão, seja ele franco ou oriental, deve ser inquietado. De fato, não haverá massacre nem pilhagem. Alguns fanáticos reclamaram a destruição da igreja do Santo Sepulcro à laia de represália contra as exacções cometidas pelos Franj, mas Saladino balda-lhes os intentos. (...) Se Saladino conquistou Jerusalém, não foi para amontoar ouro, ainda menos para se vingar. Ele procurou acima de tudo, segundo explica, cumprir o seu dever para com Deus e sua fé. A sua vitória consistiu em ter liberto a cidade santa do jugo dos invasores, e isto sem banho de sangue, sem destruição, sem ódio. A sua felicidade é poder prosternar-se nos lugares onde, sem ele, nenhum muçulmano poderia orar." (pp.234-236)

Templários de não apoiar Frederico, a par do fato de este ter sido excomungado pelo papa. Uma revolta popular, crê-se que orientada pelos cavaleiros da Ordem do Templo, força Frederico II a abandonar rapidamente a Terra Santa.

Quando tudo se aprestava para que Jerusalém permanecesse na posse cristã, eis que, em 1244, uma horda turca tudo leva de roldão. Dos 348 Templários aí estacionados, apenas 36 sobrevivem. O Mestre Armand de Périgord falece, em combate. Jerusalém retorna às mãos do inimigo e jamais voltará à posse cristã. Uma nova Cruzada é organizada e os cavaleiros da Ordem do Templo, agora sob a batuta de Guilherme de Sonnac, apoiam-na valorosamente.

Na tentativa de capturar a fortaleza de Mansurah, o cavaleiro Roberto de Artois lança-se, sem nexo, para o objetivo e, a contragosto, os Templários apoiam-no. Os inimigos, apanhados de surpresa, recuam. Artois incita os membros da milícia a perseguirem os inimigos em fuga e, ante a resposta negativa do Mestre Guilherme de Sonnac, aconselhando prudência, o cavaleiro atiça a sua honra, ao afirmar que afinal os Templários talvez não fossem tão destemidos como rezava a história. Uma vez mais, impelidos pela força dos acontecimentos, os membros da Ordem do Templo acorrem atrás de Artois. O resultado final redunda na morte deste cavaleiro e de 290 templários.

A seguir a isto, os desastres continuam a suceder-se, em catadupa. Em 1270, Baibars conquista o Castelo Branco dos Templários e o Krak dos Hospitalários. 21 anos depois, já com Templários e os seus rivais Hospitalários combatendo lado a lado, assim como toda a força cristã, acontece a estocada final nas aspirações dos ocidentais, a perda de S. João de Acre.

> "No dia 5 de Abril começou o sítio a última praça-forte cristã em Terra Santa. Na noite de 15, Guilherme de Beaujeu saiu da fortaleza com o objetivo de incendiar as máquinas de guerra do inimigo, porém fracassou. (...) A última resistência

ocorreu na Casa do Templo. (...) Al-Ashraf ofereceu uma capitulação honrosa, que os Templários se apressaram em aceitar para salvar, não suas vidas, mas as de seus protegidos. Abertas as portas, entraram 100 mamelucos que de imediato atacaram as mulheres ali reunidas. Indignados, os cavaleiros encerraram as portas e mataram os inimigos. (...) Diante de tal felonia, os Templários compreenderam que somente poderiam esperar uma morte honrosa. O último bastião da heróica resistência foi a torre, cuja base havia sido minada pelo sultão, lançando a carga final em 28 de Maio de 1291. Os cadáveres de mulheres, crianças, Templários e turcos confundiam-se com os escombros da torre."[44]

Até na derrota, a postura dos Templários fora nobre e superior, como em tudo o que regia a sua estrutura. Porém, estes haviam sido arrastados para o desastre final mercê de rivalidades entre os monarcas dos mais importantes países da Europa, por má gestão na liderança das Cruzadas (da parte de quem as conduziu) e, acima de tudo, por enfrentar constantemente, a milhares de quilômetros de distância de suas terras, uma horda incontável e invencível.

Começa aqui o princípio do fim para a Ordem do Templo...

[44] - *Os Templários*, de Juan de Garten, pág. 55.

5. A Dissolução

«Perante o mundo moderno, fragmentado como um espelho impossível de ter o brilho e a limpidez outrora tidos, resta-nos escrever àqueles que buscam permanecer no soslaio da decadência dominante. Resta-nos recordar a luz que antigos homens tiveram neste mundo e despertar, no verdadeiro espírito templário, toda a força deixada por Deus para a restauração da história antagônica à do mundo positivista. O espírito templário é o da liberdade espiritual, é o da tolerância; e, por isso, sofreu as maiores ignomínias. Devido ao seu desejo pela liberdade espiritual, os Templários foram condenados; pela fraternidade que anunciavam e praticavam, foram injuriados; por aquilo que foram os verdadeiros Templários, os homens mais mesquinhos – principalmente um francês e um papa, quiseram exterminá-los. E materialmente conseguiram tal pretensão. Todavia, espiritualmente, as coisas se passam ao invés do que os sórdidos deste mundo pensam.»

S. Franclim, *O Sonho do Portugal Templário*

Apesar de tudo aquilo que os investigadores possam escrever, a grande verdade é que, por múltiplas interpretações que sejam dadas, jamais se poderá saber, exatamente, o que passou pela cabeça do monarca francês, Felipe, *o Belo*, para tomar a opção de mandar aprisionar todos os Templários, de um momento para o outro. Este capítulo, porém, tal como tem sido nosso apanágio, desde sempre, pretende dar ao leitor a possibilidade de, através dos fatos, tirar a sua própria conclusão. Crer que encontramos a verdade do mundo é um erro crasso e generalizado.

Recuemos um pouco no tempo. Após a perda de todas as possessões da Terra Santa, as ordens religiosas, em geral, foram apontadas, pelo povo, como as principais culpadas. Isto porque se haviam enriquecido em todo este período, à conta da prática da usura e das doações de bens materiais (quer como recompensas por vitórias em batalha ou por doações de muitos nobres abastados, que viam nisso a sua entrada direta para o Paraíso), ao mesmo tempo que a sua crescente influência política os tinha, em parte, abastardado. Isto, sem contar com a elevada perda de vidas humanas, algo que o povo jamais conseguiu desculpar.

A Ordem do Templo, pela sua exposição pública (dado serem, de fato, não a Ordem com mais feudos, mas sim aquela que era mais reconhecida – sabemos que os Hospitalários deveriam ser mais bem nutridos, financeiramente falando), tornou-se, evidentemente, o principal bode expiatório. E o seu anterior óptimo relacionamento com o monarca francês vem a revelar-se, de fato, a mais prejudicial de todas as razões.

Jacques de Molay, o último Mestre da Ordem do Templo, era padrinho do filho de Felipe IV. Quando este rei se viu confrontado com uma sublevação popular, em 1291, em Paris, foi no reduto templário que se refugiou. Os Templários eram, igualmente, os banqueiros reais.

Mas a vontade real, derivada da ganância e do endividamento, era fazer uma fusão entre as duas maiores ordens religiosas, do Hospital e do Templo, criando a maior milícia cristã de sempre. E o monarca francês pretendia ser o seu líder máximo. Os Templários recusaram prontamente. Felipe não desistiu. E, servindo-se de outra estratégia, tentou o ingresso na Ordem do Templo, em 1305. De pronto foi recusado, sem explicação. É óbvio de perceber que os Templários não pretendiam alguém tão influente no seu interior, pois isso equivaleria a que, em pouco tempo, a liderança da mesma estivesse na pertença da coroa francesa.

Com todas estas razões, Felipe decide então colocar em prática o plano mais astuto que a Humanidade conhecera até então. Pretendia, não só vingar-se, como também consertar a sua debilitada situação financeira. As guerras constantes de França com a Inglaterra, assim como as constantes investidas nas Cruzadas, tinham depauperado as suas finanças. Mas nem só contra os Templários estava apontada a mira de Felipe. O papa Bonifácio VIII era outro dos considerados inimigos a abater.

Por isto, o rei encarregou Guillaume de Nogaret de encontrar a solução.

> "As profundas diferenças que separam o rei Felipe, *o Belo*, do papa Bonifácio VIII, já há vários anos, aprofundam-se ao máximo quando o monarca designa a Guillaume de Nogaret, professor de direito em Montpellier, como conselheiro do reino. Nogaret prepara uma lista de 29 acusações contra o pontífice, que incluem desde a dilapidação dos bens da Igreja até alianças com o demônio, negação da imortalidade da alma e outras coisas mais. E como se tudo isto não bastasse, no dia 7 de Setembro de 1303, em Agnani, Nogaret, com o apoio da família Colonna, inimiga do pontífice, aprisiona-o. Uma revolta popular obriga a liberá-lo de imediato, mas Bonifácio VIII não consegue superar a humilhação sofrida e morre um mês mais tarde. (...) Quem o sucede no trono de São Pedro é Benito XI, que morre repentinamente a 4 de Julho de 1304, exatamente no dia em que iria firmar a excomunhão de Nogaret, o que não deixa de ser uma coincidência a ser levada em conta."[45]

Mas conta a história que Nogaret era um especialista nas artes da intriga política. Para além do rapto papal, também foi com a sua contribuição que os judeus foram expulsos de França, acusados de alguns dos males que serviriam para incriminar também os Templários: satanismo e heresia.

---

[45] - *Os Templários*, Juan de Garten, pp. 56-57.

O ano de 1305 marca, então, o ponto de partida para o plano, na sua vertente prática. Dois denunciantes aparecem em cena: Noffo Dei, que se dizia Templário, mas cuja única ligação com a Ordem era que lhe vendia espécimes; e, por outro lado, o negativamente famoso Esquieu de Floryan o qual, de acordo com as suas palavras, obtivera as confidências de um cavaleiro templário. Este último denunciante afirma que sabia da existência de práticas secretas na Ordem, que incluíam cuspir sobre a cruz. Se as suas primeiras tentativas de denúncia dos cavaleiros templários, perante Jaime II, de Aragão, não obtiveram qualquer resultado, tentava agora influenciar, um mais predisposto para isso, Felipe, de França. Este monarca, acolheu-o e recompensou-o generosamente pelas informações.

Agora, Nogaret podia, finalmente, com dados palpáveis, preparar o terreno e tomar as medidas que considerava necessárias. "No dia 14 de Setembro de 1307, Filipe o Belo reuniu um Conselho extraordinário em Maubuisson – tirando partido das hesitações do papa[46] e da sua demora em pronunciar-se – de onde saiu a decisão de mandar deter todos os templários em França. De acordo com os pareceres dos conselheiros do rei – Guilherme

---

[46] - Clemente V, de quem se dizia ter ingressado no cargo devido a um pré-acordo com Felipe, no qual, em troca de apoio para a eleição, teria de cumprir seis petições, entre as quais dissolver a Ordem do Templo, a princípio não concordou com a tomada de posição do monarca francês. Inclusivamente, após tomar conhecimento da detenção dos Templários e da forma brutal como eram torturados, declarou-se contra tais atitudes. "O papa, por seu turno, apesar de seus compromissos, existentes ou não, com Felipe, reage ante o escândalo que a brutal utilização da tortura provoca na cristandade, enviando uma carta ao rei, em 27 de Outubro: «Enquanto estávamos longe de vós, haveis estendido a mão sobre suas pessoas e seus bens (dos Templários); haveis chegado a encarcerá-lo... E haveis ido mais longe ainda, agregando a dor do cativeiro outra dor, que, por pudor à Igreja e a nós outros, cremos que é melhor manter silêncio...» ", obra citada anteriormente, pp. 63-64. Amorim Rosa, no seu *De Tomar*, coloca mais achas na fogueira: "Cobiçoso dos bens do Templo, o ganancioso Filipe, falhado o traiçoeiro golpe de Agnagni, mas morto Bonifácio VIII, conseguiu, em 1305, fazer eleger como papa o seu amigo D. Beltrão de Goth, arcebispo de Bordéus. Este, paradoxalmente, tomou o nome de Clemente V e, por causa de coisas, veio residir para França, no belo palácio real de Avinhão, em 1309." (pág. 55)

de Nogaret, Enguerrand de Marigny, Pierre Dubois, assistidos pelo grande inquisidor Guilherme Imbert -, importava proceder com a máxima urgência à detenção dos templários, sem lhes deixar nenhuma hipótese de prepararem a sua própria defesa. Apenas o Chanceler do reino, indignado com uma tal decisão, manifestou o seu repúdio e abandonou a assembléia; tratava-se do arcebispo de Narbonne, Gilles Aycelin, substituído alguns dias mais tarde por Guilherme de Nogaret, que já há muito pretendia o cargo de Chanceler. Assim, quando Filipe o Belo, na fatídica data de 14 de Setembro de 1307, expediu a ordem de deter em todo o reino os templários, por ele acusados dos crimes mais horrendos, tornou-se, na realidade, culpado de uma difamação, de uma mentira, de um perjúrio e de uma traição, crimes aos quais se deve acrescentar o projeto determinado de homicídio. E, mais grave ainda, antes do homicídio, a tortura que destrói a personalidade."[47]

Na tal infamemente famosa sexta-feira, na noite do dia 13 (ainda nos dias de hoje considerada a "sexta-feira 13, dia de azar", os agentes do rei entraram, de rompante, na sede do Templo, em Paris. Porém, o cenário com que se depararam em nada os agradou. Todos os documentos oficiais haviam desaparecido e nem vislumbre do tão ansiado tesouro templário. Outra parte do plano consistia em confiscar toda a armada templária, estacionada no porto de La Rochelle, mas os navios haviam, misteriosamente, partido.

O único vestígio que restava da Ordem do Templo eram os próprios membros, que se haviam recusado a fugir. Na manhã seguinte, quase todos se encontravam encarcerados. Iam ser todos levados a julgamento. As primeiras ordens de Felipe eram que todos os que acatassem as acusações seriam libertos, porém com uma mísera pensão ou relegados para a mendicância. Não havia meios-termos – os que recusassem, seriam aprisionados para sempre ou queimados na fogueira.

---

[47] - *Templários: de Milícia Cristã a Sociedade Secreta (Vol. V)*, Eduardo Amarante, pp. 62-63.

Jacques de Molay, num discurso que se tornou famoso, quando da sua exibição no exterior da Catedral de Notre-Dame (relembre-se que ele, à custa de mil torturas, confessou aquilo que lhe pediam), proferiu, mostrando as marcas, no seu corpo nu, dos maus-tratos: *Penso verdadeiramente que neste solene momento devo proferir toda a verdade. Ante todos aqui presente, com todos vós como minhas testemunhas, eu confesso ser culpado da pior de todas as perversidades. Mas esse pecado foi eu ter mentido, ao admitir as infames acusações averbadas à Ordem. Declaro que a Ordem do Templo está inocente. Unicamente agi assim para evitar mais torturas – o preço da vida oferecida foi demasiado; por este preço, não vale a pena viver."*

Esta atitude surpreendeu tudo e todos, incluindo o monarca francês e o papa, o que vai provocar um choque entre ambos. Este último, através da bula *Pastoralis Praeminentiae*, tinha ordenado a todos os príncipes da cristandade, que detivessem todos os cavaleiros templários do seu território, e confiscassem os seus bens, mas acrescenta: se os Templários forem absolvidos, em processo eclesiástico, todos os bens serão devolvidos, mas, em caso contrário, os Templários seriam conduzidos à Terra Santa, para aí ficarem para todo o sempre.

A visão de De Molay, e os sinais da tortura, levam a que Clemente V suspenda os poderes da inquisição[48], assumindo, na sua pessoa, a

---

[48] - Sobre a presença da Inquisição em todo este processo, convém, finalmente, fazer uma retrospectiva da história dos Cavaleiros Templários e relembrar quando, ainda sob a égide de Hugues de Payen, este Mestre obtém, do papa daquela época, a confirmação de todos os seus pedidos, os quais vinham deitar por terra qualquer possibilidade dos prelados locais (liderados pelos bispos) de controlar os bens e a direção da Ordem do Templo. Isso abriu uma ferida de tal forma profunda que teve o seu culminar no célebre "Processo Templário". A Inquisição tinha o desejo de controlar a Igreja, em absoluto, mas a influência e riqueza da Ordem isso sempre haviam impedido. Agora era o momento certo de colocar ponto final no assunto. Nunca investigações tinham sido tão céleres, nem as decisões tão vincadas. Levanta-se a dúvida porque razão não houve contestação – pela força – dos milhares de cavaleiros templários, fortemente armados. A explicação: apesar de em Espanha terem existido breves escaramuças entre cristãos, os Templários haviam sido doutrinados para jamais levantarem a espada contra um irmão de fé.

condução do processo. Erro crasso! Felipe, *o Belo*, não estava disposto a protelar a condenação, nem tão pouco deixar de ter o controlo total da situação.

O monarca fica irritado com a situação e faz frente ao papa, ameaçando com novo processo acusatório. Clemente faz-lhe frente. Felipe consegue que 72 prisioneiros testemunhem contra a Ordem – a maioria ex-membros, dispensados devido a graves falhas pessoais ou atitudes impróprias. O papa volta a recusar-se a condenar os Templários. É então que Felipe, farto de tratar da questão pela via diplomática, coloca a força a trabalhar para si e silencia o papa definitivamente. Clemente devolve os poderes, para análise do processo, à Inquisição.

Atentemos em alguns testemunhos constantes do processo instaurado contra os Templários, no caso relativamente à adoração de um ídolo[49]:

> "Raynier de Larchant (20-10-1307): viu a cabeça 12 vezes durante capítulos, nomeadamente em Paris. A cabeça tinha barba e era adorada, beijada e chamada Salvador. Supõe que se encontre na posse do Grão-Mestre ou do Presidente do Capítulo.
>
> Guillaume d'Arblay (26-10-1307): viu a cabeça durante dois capítulos presididos por Hugues de Pairaud, visitador de França. Crê que seja de madeira prateada ou dourada. Revelou que a cabeça possuía duas faces e aspecto terrível.
>
> Jean du Tour (26-10-1307): viu uma cabeça pintada sobre um pedaço de madeira. Adorara-a durante um Capítulo.

---

[49] - Informação retirada do capítulo "Templários", da autoria de Manuel J. Gandra, inserido na obra *Portugal Misterioso* (Edição: Reader's Digest), pág. 300. O ídolo seria o famoso *Baphomet*, que é "um ídolo estranho e, mais uma vez, um mistério denso. Trata-se de uma das peças essenciais no processo. (...) A censura feita aos Templários a propósito do ídolo em questão era que eles o consideravam, de fato, o verdadeiro Deus... Poucas ou nenhumas representações da figura venerada foram descobertas. Por vezes há criaturas esculpidas em estabelecimentos templários, mas nada prova que elas representam o *Baphomet*.", pág. 106, da obra *A Misteriosa Ordem Templária*, de Run Futthark.

Hughes de Pairaud (9-11-1307): viu a cabeça e pegou nela durante um Capítulo em Montepellier. Tinha quatro pés, dois à frente e dois atrás.

Barthélemy Boucher (19-4-1308): assemelhava-se a uma cabeça de Templário, com casco e longa barba quase branca. Não reparou se era de metal, madeira ou carne humana. Viu-a uma única vez."

A verdade é que as acusações contra os membros da Ordem eram as mais díspares: renegar Cristo, ao cuspir na sua imagem; beijos em órgãos genitais; prática de atos de sodomia e adoração do diabo. A Inquisição, para obter uma resposta cabal aos seus anseios praticava a tortura a um ritmo que só obtinha paralelo ao das confissões. "O interrogatório de centenares de réus e o depoimento de considerável número de testemunhas, juntamente com as delongas motivadas pelas diligências e esforços contrários dos amigos e inimigos dos Templários, fizeram com que este processo, começado perante a dita comissão em 1308, passados dois annos ainda não estivesse concluído. Por este tempo 546 Templários, animados com os esforços que os seus protetores empregavam para os salvar apresentaram ao Tribunal uma representação justificativa, negando todos os crimes de que os acusavam"[50]. Por sinal, todos foram condenados à prisão perpétua.

Mas Felipe não se contentou e auxiliado por Enguerrand de Marigny, Conde de Longville, convocou em Paris um Concílio para julgar novamente os Templários. 54 deles foram condenados à morte na fogueira. "Mas a vingança do rei é que não estava ainda satisfeita. Um dia reúne Felipe o seu Conselho, e sem mais consulta nem reforma da sentença dada pelos commissarios do papa, condemna o Grão-Mestre dos Templários e Guido, delphim do Auvergne, e Hugo de Peralde, que tinham exercido os mais elevados cargos da Ordem, a serem queimados vivos."[51]

---

[50] - *Monumentos das Ordens Militares do Templo e de Christo em Tomar*, José António dos Santos, pág. 65.

[51] - Idem, pág. 67.

E é aqui que nasce a *Lenda De Molay*, com o Mestre a declarar, no auge do sofrimento no fogo: "Clemente V, pontífice de Roma, eu te cito para compareceres ao tribunal de Deus dentro de quarenta dias; e tu, Felipe IV, rei de França, no mesmo tribunal te espero dentro de um ano!" O fato é que isso aconteceu mesmo, sendo que o papa Clemente V faleceria um mês depois, acometido de cólicas intestinais (há quem fale em apendicite, outros em envenenamento); Filipe, o Belo, vítima de um ataque de apoplexia, teria o mesmo destino, em consequência de uma queda de cavalo, ao caçar javalis (consta que as cordas da sua sela haviam sido, propositadamente, cortadas) e Guilherme de Nogaret, o infame advogado real, teria sido envenenado por uma vela, feita por Evrard, antigo Templário, se bem que outras versões falem em uma mordedura de cão raivoso e conseqüente falecimento devido a raiva.

E mais acrescentou Jacques De Molay: "«quando uma instituição religiosa, civil ou militar, deixa de ser um instrumento útil, indispensável, torna-se arma perigosa; (...) Os conventos, os mosteiros, as abbadias, que foram e são ainda úteis à causa de Deus e dos homens, desapparecerão pela sua vez (...) A própria nobreza, mais cedo ou mais tarde, eclipsar-se-há aos pés da realeza: praza ao céo que uma vontade soberana como a vossa, não encarregue o carrasco de acabar com o poderio nobilitario!... Reformae, senhor... mas não queimeis.» Poderia ter acrescentado que um dia virá também em que a realeza será aniquilada e extinta pela soberania popular!"[52]

Se assim se passou em França, vejamos o que sucedeu em outros locais. Por exemplo, em Inglaterra, Eduardo II, genro de Felipe, de França, ordena em 1307 uma investigação e a Ordem é ilibada. Uma bula papal ordena a prisão dos membros e a confiscação dos seus bens. A Inquisição confirma a inocência da Ordem e os membros são libertados. No entanto, paradoxalmente, a própria organização é dissolvida e os seus membros reintegrados na Ordem do Hospital.

---

[52] - Ibidem, pp. 68-69.

No resto da Europa, exceto Península Ibérica, a verdade é que em países como a Alemanha e a Itália, os Templários, apesar de condenados, saem em liberdade para, ou reatarem a vida mundana, ou para se inserirem em outras ordens religiosas; no Chipre, Amaury, partidário dos Templários, protege a Ordem, mas é assassinado em 1310 e os cavaleiros templários, que aí resistem, são presos.

Na Península Ibérica, onde se situavam os bastiões, desde sempre, que mais acarinhavam os Templários (como ainda, na atualidade, se pode verificar), a verdade é que a resistência à bula papal de detenção dos membros da Ordem foi imensa. Isso levou a que em 1306, Clemente V, pressionado por Felipe de França, ordenasse um Concílio em Salamanca para investigar o comportamento dos cavaleiros em Portugal e nos reinos de Espanha.

Nessa reunião, que contou com a presença, entre outros, do arcebispo de Lisboa, D. João de Soalhães, e do arcebispo de Santiago, a conclusão a que chegaram foi que nada havia a apontar, de criminoso, à Ordem. Em 1308, quando a bula *Callidis Serpentis* solicitou a D. Dinis, monarca português da época, que detivesse, à força, os Templários, já os membros da Ordem haviam fugido, para parte incerta, dando tempo suficiente ao rei português, D. Dinis, para que firmasse um pacto de não agressão aos Templários, com Fernando IV, de Castela, e, posteriormente, alargando-o ao suserano de Aragão. Com esta pressão, Clemente V viu-se obrigado a redigir a bula *Ad providam*, em 1312, em que todos os bens da Ordem do Templo seriam transferidos para a Ordem do Hospital, exceto em Portugal, Castela, Aragão[53] e Maiorca.

---

[53] - Convém aqui colocar a análise de David Caparelli e Pier Campadello, em *Templários: sua origem mística*: "Em Aragon, os Templários não seguiram o exemplo dos seus confrades franceses, negando-se a render e, liderados por Ramón de Guardiã, entrincheiraram-se com suas tropas nos castelos, onde resistiam ao bloqueio das tropas reais durante meses a fio; assim, Monção e Castellote resistiram onze meses; Vilhel, Cantavieja ou Chalamera e Miravet foram os últimos baluartes Templários a cair. O processo contra os Templários, na península Ibérica, não foi tão sangrento quando na França, embora, em alguns casos, chegasse a submetê-los a sessões de tortura, mas, em geral, os irmãos eram tratados com bastante benevolência." (pág. 104.)

A organização, simultaneamente militar e religiosa, criada em Jerusalém, para defesa dos peregrinos, tinha, como tal, sido dissolvida. Jamais voltaria a possuir a sua essência militar. Dela ressurgem, a espaços, laivos de neotemplarismo (um termo moderno que surge, de fato, motivado pelo crescente interesse no tema). Isso comprova que se Felipe, *o Belo*, ficou nos anais da história com a reputação manchada, todas as acusações contra os Templários de nada serviram, visto que, ainda atualmente, a Ordem vive, não da mesma forma, mas de outras igualmente importantes e visíveis.

> "Templários como os de antigamente hoje não existem, nem mesmo através da perpetuidade da Ordem de Cristo, já que esta é modernamente um título honorífico. (...) Aquilo que é hoje o templarismo é mera reconstrução da sua essência inicial, que se queira quer não se queira, quer se seja cego defensor dos ideais templários e de tradições ditas iniciáticas quer se seja harmonioso na reflexão que a questão levanta. Contudo, o espírito templário sobrevive nos monumentos e na sua história em concreto. Assim, o templarismo nada tem a ver com aqueles pseudo-inteligentes das ciências ocultas e de ritos inventados por homens. O templarismo é a recordação das primícias que outrora certos viveram com a força do segredo. (...) À parte de todas as discussões e vaidade, o templarismo está vivo e o seu espírito é uma arma poderosa para se viver no mundo moderno e a utilizar na batalha contra as tendências positivistas e racionalistas do materialismo vigente."[54]

[54] - *O Sonho do Portugal Templário*, S. Franclim, pp. 84-87.

6. A Ordem de Cristo

«Quem defendeu Portugal e alargou as suas fronteiras, foi a Ordem de Cristo. Quem combateu estrenuamente[55] os mouros, foram estes cavaleiros. Quem conduziu a gloriosa bandeira, tremulando-a em lutas e batalhas contra o infiel de Mafoma, foi a Ordem de Cristo. A honra do cavaleiro era a sua fé, o seu escudo moral, a sua posição altaneira, que os modernos, desta idade muito abastardada, não compreendem. Nada ilustra melhor a Ordem de Cristo e a honra da cavalaria, do que a vida exemplar dos seus mestres e cavaleiros, os serviços que prestaram ao rei e ao reino, à Igreja e à fé, ao tempo e à eternidade.»

Prefácio de João de Scantimburgo à obra
A Ordem de Cristo e o Brasil, de Tito Lívio Ferreira

A Ordem de Cristo, sucessora, em Portugal, dos cavaleiros templários, é oficialmente criada pela bula *Ad ea exquibus*, pelo papa João XXII, em 14 de Março de 1319. Ela surgiu em resposta à missiva de D. Dinis, na qual o monarca solicitava a criação de uma nova estrutura religiosa e militar, de forma a integrar todos os bens dos Templários, em Portugal. Tendo como enviados reais o Barão João Lourenço, Cavaleiro, e o Barão Pedro Peres, Cônego de Coimbra, D. Dinis consegue, através de um plano cuidadosamente engendrado despertar no papa o interesse por esta nova milícia. Tanto é assim que, volvido cerca de seis meses, já o retorno positivo era uma realidade, como se atesta na bula atrás citada.

[55] - De modo destemido, corajoso; intrepidamente, insistentemente. (Nota do editor).

"Desejando Nós, pois, com ajuda de Deus, atentar pelo bem do mesmo Rei e Reinos e fiéis, em razão de quebrantar os nefários[56] intentos dos infiéis; tivemos por bem de ordenar casa de nova Ordem da milícia de Jesu-Cristo em o dito castelo de Castro Marim. A qual casa decretamos que seja a cabeça da mesma Ordem e damos-lhe a igreja paroquial de Santa Maria do mesmo castelo, da diocese de Silves. E outorgamos e anexamos e juntamos à dita Ordem, com todos seus direitos e pertenças, e para honra de Deus, exaltação da Fé católica, amparo dos fiéis e abatimento dos infiéis. Com autoridade apostólica estabelecemos e ordenamos a dita Ordem na qual deve ter assento a sobredita milícia dos lidadores da Fé, os quais sendo idônios e constantes nela, professem ordem própria debaixo da regra de Calatrava, guardando as observâncias regulares da mesma regra, de modo que o mesmo Reino e fiéis dele tanto com mor fervor possam resistir aos ditos inimigos, quando juntas as forças em um se fundam em maior poder.

Outro sim estabelecemos com autoridade apostólica e de consentimento dos mesmos nossos irmãos, que a Ordem dos ditos cavaleiros desta nova milícia se intitule para todo o sempre Ordem da milícia de Jesu-Cristo. E com a mesma autoridade e de conselho de nossos irmãos, creamos em Mestre da dita milícia ao amado filho Gil Martins, que até agora foi Mestre de Calatrava e professo na mesma Ordem, de cuja pureza de vida, zelo da religião, madureza de costumes, valor de pessoa, inteireza na Fé, e de outros merecimentos de sua natural bondade, tivemos louváveis testemunhos."[57]

---

[56] - Ímpio, abominável, detestável. (Nota do editor).

[57] - Ver nota na página seguinte.

Esta nova Ordem seguiria a regra de São Bento[58], tendo Castro Marim como sede e o abade do Mosteiro de Alcobaça como entidade espiritual regulador em Portugal. O seu primeiro Mestre foi D. Gil Martins, igualmente Mestre da Ordem de Avis. A sua primeira decisão foi reunir um Capítulo Geral, a 11 de Junho de 1321, no qual se ficou a conhecer que a nova Ordem possuía: 10 cidades, 46 vilas ou coutos, 84 membros (dos quais, 69 freires cavaleiros, 9 freires clérigos e 6 freires serventes). Era uma espécie de análise global aos bens transferidos da Ordem do Templo. Neste mesmo capítulo fixou-se que o Mestre teria um séquito de 10 cavaleiros, ao mesmo tempo que se criaram 41 comendas, de forma a agregar todas as posses em Portugal.

D. Gil Martins fez o seguinte juramento: "Eu, Mestre da Cavalaria de Nosso Senhor Jesus Cristo, de ora em diante serei obediente a S. Pedro e à Santa Igreja de Roma e a meu senhor o papa e a seus sucessores que entrarem como devem. (...) As possessões que pertencem à minha casa não as venderei nem doarei nem apenhorarei nem as farei feudatárias de novo nem as aleanarei em outra maneira se o ante não fizer saber ao papa."[59]

---

[57] - A Bula *ad ea exquibus*, dada pelo Papa João XXII, em Avinhão a 14 de Março de 1319, chegou às mãos do soberano D. Dinis a 11 de Maio desse mesmo ano, enquanto este se encontrava em Santarém. A presente transcrição é feita directamente dos *Anais da União dos Amigos dos Monumentos da Ordem de Cristo* (Volume 4 – Junho de 1963), pp. 87-95 e surge traduzida do latim. O original encontra-se na Torre do Tombo, incluído no Livros dos Mestrados da Ordem de Cristo.

[58] - Sobre as instruções do papa a D. Gil Martins, atente-se no seguinte, que cita a carta papal: "João, bispo, Servo dos Servos de Deus, ao meu amado filho Gil Martins, Mestre da Casa de Cavalaria da Ordem de Jesus Cristo, saúde e bênção (...) Ordenamos nova cavalaria de Cristo no logar de Castro Marim, bispado de Silves, a qual quizemos e queremos que seja chamada para sempre Ordem da Cavalaria de Jesus Cristo, do qual logar Castro Marim, que é na fronteira dos ditos inimigos (...) *E mais queremos* devem fazer profissão na dita Ordem pelos ordinhamentos da Regra da Ordem de Calatrava.", em *De Tomar*, Amorim Rosa, pág. 63. Sabendo-se que a Ordem usava, nos lugares públicos e em tempo de guerra, a bandeira branca com a cruz vermelha fendida de prata, foi em 1321 que as antigas freiras, filiadas na Ordem do Templo, desapareceram do corpo integrante da nova Ordem. Estas freiras, segundo se crê, seriam possivelmente viúvas e filhas de órfãos dos Templários. Após serem forçadas a abandonar a Ordem, ingressam em outras estruturas religiosas.

[59] - *De Tomar*, Amorim Rosa, pág. 63.

Convém, antes de prosseguir, atentar nas palavras de Frei Jacinto de Deus, o qual, em 1670, fez uma das mais interessantes definições da Ordem de Cristo[60]:

> "Esta sagrada Ordem é toda portuguesa e nasceu no ano de 1319. Porque todas as cousas do mundo se sugeitam a geração e corrupção, como disse Aristóteles, umas acabam e outras começam, como sucedeu a esta Ordem, porque onde acabaram os Templários, começou ela. Outros a fazem um ano mais moderna. Vendo o prudentíssimo rei D. Dinis que a falta da Ordem do Templo não só causava em seu reino grandes males pelas invasões que os mouros de contínuo faziam, cujo ímpeto os cavaleiros do Templo reprimiam, mas pelo grande inconveniente com que se divertiriam os bens desta Ordem a outros usos, se resolveu fundar a nova Ordem de Cristo, a que se aplicassem as comendas e mais rendas do Templo. E a liberalidade dos nossos reis lhes deu outras com todas as igrejas ultramarinas, e Sua Santidade lhe concedeu os dízimos dela.
>
> (...) Descobrindo depois el-rei D. Manuel de boa memória, a Índia Oriental, havendo os Sumos Pontífices respeito ao zelo e dispêndio com que invadiu a conquista destas bárbaras nações, e ao afecto e cristandade com que meteu nela a pregação do Santo Evangelho; (...) lhe deram os dízimos das igrejas e terras que reduzissem ao seu Império (...) E querendo os senhores reis mostrar quanto estimavam a Ordem de Cristo, demitiram de si todo o direito destes padroados, e os transferiram em a dita Ordem.

---

60 - *Escudo dos Cavaleiros das Ordens Militares*, Frei Jacinto de Deus, pág. 162, Lisboa (1670).

(...) Professam os cavaleiros desta Ordem os três votos essenciais, antigamente com o mesmo rigor das mais ordens mendicantes e monacais; hoje gozam do privilégio de Paulo III, e têm os mesmos votos solenes, mas com relaxação no da castidade, que é conjugal, e no da pobreza que, havendo paga a terceira parte para a Ordem podem testar. (...) Os cavaleiros desta ínclita Ordem são em Portugal, entre os mais militares, os mais estimados porque, unindo-se os mestrados à Coroa, e sendo sua magestade mestre de todas as ordens da milícia, parece-se prezar-se só desta, pois só com o seu hábito orna seu peito, e só o seu estatuto professa. O fim desta sagrada religião é defender a fé católica, dar proteção e amparo aos pobres, viúvas, órfãos, e outras pessoas desamparadas e necessitadas.

A primeira dignidade dela é o Grão-Mestre (...) Depois dele imediatamente a segunda dignidade é o Dom Prior de Tomar, que no espiritual tem toda a jurisdição e é prelado e superior de todos os que professam este instituto[61] e precede a todas as mais dignidades dela, tem voto em Capítulo e definições, toca-lhe responder às primeiras propostas do Mestre a quem toma o juramento de fidelidade e obediência ao papa. Tem seu assento em Capítulo na ponta do estrado ou trono do Mestre, à mão direita em um coxim de veludo. A segunda dignidade depois do prior, e terceira depois do Mestre, é o Comendador-Mor que preside em ausência do prior e por falecimento do Mestre, no interim da vacante lhe pertence governar a Ordem e lhe toca o último dia do Capítulo responder

[61] - Esta mudança de Alcobaça para Tomar surge, na mesma época, em que, como veremos a seguir, a sede da Ordem de Cristo muda de Castro Marim para a cidade de Tomar.

ao Mestre, e enquanto dura o Capítulo há-de ter o estoque do Mestre, e guarda o cofre dos votos e os apura com o Mestre, e depois com o Prior e Definidores faz as leis e definições para o Mestre as confirmar. Tem seu assento no estrado à mão esquerda, em coxim de veludo.

A quarta dignidade é o Claveiro[62] cujo ofício era ter as chaves do Convento quando os cavaleiros viviam em comunidade. Agora lhe cabe ter uma chave do cofre dos votos e ajunta-se com o Mestre e Comendador a apurá-los. Tem seu assento em a ponta de um banco abaixo do Comendador. A quinta é o Sacristão do Convento de Tomar, que sempre é frade do Convento, a quem pertence em Capítulo ter os selos da Ordem, e em falta do Comendador tem o estoque. Tem seu assento abaixo do prior à ponta de um banco. A sexta é o Alferes que leva a bandeira nas procissões, missas e Capítulo Geral, e em todos os atos de guerra em que for o Mestre. Seu assento é abaixo do Claveiro."

A seguir ao Mestre D. Gil Martins, que vem a falecer a 13 de Novembro de 1326, sucedeu-lhe D. João Lourenço, cujo mestrado nada trouxe de relevante, apenas um aumento do número total de cavaleiros para 86. Após a sua partida terrena, entra em atividade D. Martim Gonçalves Leitão. É com este Mestre que os atos militares, essencialmente contra os mouros, desta nova Ordem, tomam lugar. Em 1335 sucede-lhe o irmão, D. Estêvão.

Fruto de problemas conjugais dos monarcas ibéricos, o novo Mestre vê-se forçado a guerrear ante os castelhanos, obtendo larga vitória. Em 1338, Castro Marim é novamente ameaçada, desta feita, não pelos mouros do norte de África, mas pelos vizinhos espanhóis. "Prolongado e encarniçado

---

62 - Atualmente dizemos chaveiro, substantivo derivado de chave, que provém do latim "clave". Logo "claveiro" está etimologicamente mais próximo do idioma original. (Nota do editor).

foi o cerco, redobrado foi o esforço de parte a parte, mas a águia não abandonava o ninho. A cada picada e a cada bater de azas diminuía o exército inimigo, que, vista a sua impotência, debandou, levando diante de si o facho terrível de vingativo incêndio."[63] D. Estêvão, apesar desta vitória, está ainda presente na frustrante batalha ante os mouros, comandados por Abul-Hassan, na qual, apesar das divergências anteriores, os exércitos ibéricos voltam a conjugar esforços, competindo lado a lado contra os ditos infiéis. Tempos estranhos estes em que, pouco tempo volvido após encarniçadas competições entre vizinhos da Ibéria, estavam de novo, abraçados num projeto comum de afastar os povos do Norte de África que insistiam em tomar este território para si.

Em 1344, D. Rodrigo Anes, toma posse na qualidade de Mestre da Ordem de Cristo, tendo governado por doze anos, ao fim dos quais acabou por renunciar, surgindo em cena D. Nuno Rodrigues. Este, vem a falecer em 1372, sendo muito apreciada a sua atuação, enquanto líder militar, pela coroa portuguesa. É no seu mestrado, que se dá a transferência da sede da Ordem de Castro Marim para Tomar.

O próximo Mestre será igualmente o último fora da esfera real. O seu nome é D. Lopo Dias de Sousa. É ele que, na questão da perda da independência de Portugal, se mantém firme no lado dos monarcas portugueses, conduzindo os seus cavaleiros a combater activamente contra Castela, apesar das tentativas de suborno da parte dos vizinhos ibéricos. D. João I[64] alcança, então, o poder em Portugal e D. Lopo Dias de Sousa encontra-se ao seu lado, vinculando a Ordem de Cristo ao poder nacional.

---

[63] - *A Ordem de Cristo*, Vieira Guimarães, pág. 83.

[64] - De acordo com o *Dicionário de Biografias*, D. João I é "o primeiro da dinastia de Avis, cognominado de *Boa Memória*, reinou entre 1385 e 1433, foi filho bastardo de D. Pedro I e de Teresa Lourenço, dama galega. Educado por um mestre da Ordem de Cristo, tornou-se num homem culto e foi nomeado, com apenas seis anos, Mestre da Ordem de Avis por D. Pedro I e armado cavaleiro. Subiu ao trono depois da reunião das cortes de Coimbra de 1385, solucionando a crise dinástica que ameaçou o país de perder a independência. ⇒

Libertada que estava a nação do jugo inimigo que, de quando em vez, aflorava do lado castelhano, as atenções voltam-se para o Norte de África. "É Ceuta, portanto, o campo glorioso em que tantos soldados portugueses ganham fama e em que mais firma a sua D. Lopo, sétimo Mestre da patriótica Ordem, que vai fazer com que Portugal leve à posteridade um nome, que será escrito com letras indeléveis em todos os idiomas do mundo. (...) Um grande testemunho da muita confiança que D. João I depositava em D. Lopo, foi nomear este ilustre e honrado cavaleiro, mordomo-mor da rainha D. Filipa, após o seu casamento."[65]

Assim sendo, e visto que o país conseguia libertar-te do perigo muçulmano, ao conseguir algumas feitorias no Norte de África, que serviam como primeiro travão das investidas, e, igualmente, tinham alcançado uma

---

(Continuação da nota 64.) Antes, porém, participou do assassinato do Conde Andeiro e foi proclamado *regedor e defensor do reino*. Em 1387, casou com D. Filipa de Lencastre." É ele, sem sombra de dúvida, o responsável pelo fato de Portugal não ter caído em mãos da coroa espanhola, mesmo sendo filho bastardo do anterior monarca D. Pedro I. Sobre este monarca (D. Pedro), de referir que a sua história inclui um dos mais estranhos episódios da história de Portugal. Casado com uma fidalga castelhana, D. Constança, o certo é que o rei português se perdeu de amores verdadeiros por D. Inês de Castro, a qual descendia de uma família muito poderosa de fidalgos da Galiza. A ligação de Inês de Castro, por via bastarda, a Castela, assim como de um seu irmão, faziam com que os fidalgos portugueses temessem envolvimento português na guerra civil castelhana. Para o evitar, D. Afonso IV (o rei na época) mandou matá-la, para grande desgosto de D. Pedro. Isto originou grave conflito com o seu pai, tendo D. Pedro chegado a tomar grande número de terras no norte do país. Mas, logo que D. Pedro chegou ao poder mandou executar os conselheiros do seu pai, responsáveis pelo assassinato de Inês de Castro. Em 1360, D. Pedro anunciou formalmente que chegara a casar secretamente com D. Inês de Castro, pelo que mandou erigir monumentais túmulos em Alcobaça onde, ainda hoje, residem os restos mortais de ambos, lado a lado. Conta a lenda que D. Pedro coroou o cadáver de D. Inês, assim como forçou os seus súbditos a uma cerimônia de beija-mão à dama morta. Poucos autores acreditam que de fato isto se tenha passado.

[65] - Obra citada de Vieira Guimarães, pp.94-95.

paz mais duradoura com os monarcas de Castela, tinha chegado o momento de empreender a busca de algo mais. Para isso o escolhido foi o filho de D. João I, o famoso Infante D. Henrique[66].

> "Em 1420, após a morte de D. Lopo Dias de Sousa, o último Mestre de Cristo eleito em capítulo, o infante D. Henrique recebe a nomeação oficial para administrador-geral da Milícia de Cristo através da bula *In apostolice dignitatis specula*. O rei tinha-a solicitado ao pontífice romano. (...) A partir de 1420 todo o patrimônio humano, territorial e material da sua casa senhorial e da Ordem de Cristo começaram a ser colocados ao serviço do Projeto dos Descobrimentos. Um Estado dentro do Estado iniciava, de forma ininterrupta, a grande odisséia. (...) D. Henrique desejava, em aliança com o reino cristão do Preste João, acabar com o monopólio muçulmano do Índico e colocar novamente Jerusalém em mãos cristãs."[67]

---

[66] - "É D. Henrique quem, à frente dos audazes cavaleiros da nobilíssima Ordem de Cristo, toma a atenção de desvendar o Oceano (...) São as riquezas acumuladas pela hábil e séria administração de D. Lopo Dias de Sousa nos cofres da rica Ordem que lhe dão os indispensáveis recursos para empreender a agigantada obra", pág. 100 da obra citada anteriormente. Referência ainda para outro texto sobre o novo Mestre da Ordem de Cristo: "Os interesses do Infante D. Henrique e dos outros membros da Ordem de Cristo, em conhecimentos cartográficos e relatos de viagens, chegaram a ser compartilhados pelo seu irmão, D. Pedro. Este Infante de Portugal fez uma viagem pelas cortes da Europa, onde em dada altura, num jantar de boa disposição com os Doges de Veneza, mencionou o seu interesse nesta matéria. Recebeu então uma arca com mapas e um diário de uns irmãos venezianos, que um século antes tinham voltado das suas grandes viagens à Ásia, relatando histórias inacreditáveis. Chegaram assim a Portugal, o Diário de Marco Pólo, muitas das suas anotações e os seus mapas. (...) Mas os conhecimentos científicos do Infante D. Henrique para se lançar à grande obra que lhe coube, não vinham só de Marco Pólo ou de Claudius Ptolemaeus, mas também da própria Ordem de Cristo, como herdeira da Ordem do Templo.", *Missão Templária nos Descobrimentos*, Rainer Daehnhardt, pp. 73-75.

[67] - *Dos Templários à Nova Demanda do Graal*, Paulo Alexandre Loução, pp. 260-274.

Com a liderança do Infante D. Henrique, a Ordem de Cristo passou de meramente nacional a um portento internacional, com algumas descobertas e outras conquistas marítimas e terrestres, sobretudo em África e nas ilhas, hoje portuguesas, da Madeira e dos Açores. Tanta fama alcança, por esse mundo fora, que o papa Calisto III, a 13 de Março de 1455, através da bula *Inter caetera*, garante a Portugal o padroado de além-mar. Todas as terras conquistadas, ou descobertas, pelos navios portugueses seriam, doravante, *nullius dioecesis*, isto é, pertencentes a Tomar e à Ordem de Cristo, podendo estes conquistar e evangelizar os locais encontrados.

Em 1449, o Infante fez reunir um Capítulo Geral, tomando as seguintes deliberações: Tomar passaria a ser, formalmente, a casa da Ordem. Em termos internos, e vendo que os cavaleiros usavam, apenas nas festas, mantos brancos compridos, pelos artelhos, mandou que passassem a usá-lo em todas as circunstâncias. Para além disso, instituiu o silêncio conventual e ordenou que os cavaleiros apenas pudessem comer carne três vezes por semana. "Por isso, os monges-cavaleiros de Tomar, de guerreiros passavam a navegadores, aumentando-se por isso os bens mestrais, pois as descobertas e as conquistas haviam de ser feitas à custa do próprio Infante, dos seus bens próprios e da rica mesa mestral, cujo maior rendimento, sempre é bom repisar, eram os moinhos e lagares de azeite."[68]

---

[68] - *De Tomar*, Amorim Rosa, pág. 81. Ainda sobre o Infante D. Henrique sabe-se que era "sóbrio e austero, jejuavam com frequência, e usou cilícios toda a vida; (...) No preâmbulo do seu testamento, está a origem das descobertas: «os trabalhos do Homem devem ser para o serviço de Nosso Senhor.» (...) frizemos, porém, que se Sagres foi o porto de onde foram ao mar as caravelas das descobertas, Tomar foi o cérebro que organizou essas expedições, e o alfobre donde saíram os primeiros capitães das naus; e a Ordem de Cristo a fonte donde jorrou o oiro necessário para alimentar tão alta empresa." (pág. 79) Em relação aos Estatutos, a reforma do Infante refere, entre outros, que "foi acordado por mim, e por todos os sobreditos (...) de aqui em diante cada freire, assi clérigo como cavaleiro, possam fazer seu testamento em esta guisa (...) Outrossi foi acordado que o ano em que o cavaleiro finar, que haja metade da renda que havia posto que se fine no outro dia depois de S. João Baptista, que é o começo do ano, que haja metade da dita renda e possa dela fazer seu testamento, pela guisa que sobredito é, e possam fazer testamenteiras quais pessoas quizerem, contanto não sejam de outra lei" (pág. 80). Todas as citações aqui expressas foram retiradas da obra citada de Amorim Rosa.

Sucedeu-lhe D. Fernando, no mestrado da Ordem de Cristo. Este, foi imbuído no espírito do Infante D. Henrique, em cuja escola naval cursou, pelo que "continuou D. Fernando o cristão e patriótico pensamento de D. Henrique. Chamar gente de várias partes, distribuir-lhes terras, conceder-lhes privilégios, fundar povoação, construir igrejas e dotá-las, eis a grande política deste Mestre, que em tudo quis seguir as pisadas do seu imortal antecessor para grandeza e glória da Ordem, que tinha a si arrogado a nova cruzada de dilatar a sublime religião do Mártir da Judeia, engrandecendo o heróico e civilizador Portugal."[69] Neste mestrado o cargo de Governador da Ordem de Cristo passa a hereditário, primeiro na Casa de Beja e, mais tarde, com D. Manuel, passará para a coroa real o governo da Ordem.

Em 1470, surge o novo Mestre D. João, filho varão de D. Fernando, o qual nada de relevante nos deixou. Herdou, então, o cargo D. Diogo, seu irmão. Este, devido ao seu feitio desmedido, pouco tempo esteve no cargo. É, no entanto, com D. Diogo que um imbróglio processual tem lugar, pois este não possuía, na altura, a idade maior para poder conduzir os destinos da Ordem de Cristo. Então, e para que a instituição militar e religiosa não saísse da Casa de Viseu, passou a governar, interinamente, a sua mãe, D. Beatriz, uma das mais cultas e inteligentes senhoras da época.

Isto dá origem a uma breve do papa Xisto IV, a 14 de Junho de 1475:

> "Querida filha em Cristo, saúde e bênção apostólica. Há tempos o nosso filho em Cristo, ilustre rei de Portugal e dos Algarves, pediu-nos que por um breve nosso vos conferíssemos a faculdade da regência e administração temporal do Mestrado da Ordem de Nosso Senhor Jesus Cristo (...) Nós, na verdade, certificamos que possuis, como mãe carnal e tutora do dito menor, não só prudência e probidade,

[69] - *A Ordem de Cristo*, Vieira Guimarães, pp. 124-125.

mas muitas e eficientes virtudes. Pelo que, nesta parte que nos é suplicado, te concedemos a administração do mestrado até dela poderes ser dispensada."[70]

Atingida a maioridade por D. Diogo, a sua mãe entregou-lhe o mestrado, tal como acordado desde o início. Em 1483, porém, o jovem duque foi assassinado cruelmente por D. João II, seu primo e cunhado. O monarca português entregou, então, o cargo de Mestre ao seu último irmão, D. Manuel.

"Vamos entrar no mestrado mais importante desta gloriosa milícia, que, não fosse a mudança completa que a sociedade portuguesa vai sofrer, ressentindo-se principalmente a cavalaria, seria sem dúvida o mais nobre, o mais ilustre, o mais esplendoroso da célebre Ordem de Cristo."[71] O novo Mestre, D. Manuel, *o Venturoso*, decide alterar os estatutos da Ordem: em 1496, pelo papa Alexandre VI, tornou possível contrariar o voto de castidade, permitindo que os cavaleiros possam casar. Igualmente, ordenou que todos os membros da Ordem passassem a viver no Convento de Cristo.

---

[70] - *De Tomar*, Amorim Rosa, pág. 99. Este papa, Xisto V, emite, ainda, uma bula, na qual, tendo em conta que os Mestres da Ordem de Cristo possuíam demasiados poderes sobre as suas possessões materiais define que "e sob pena de excomunhão, e rigorosamente proibimos, avisamos e mandamos que nenhuns presumam daqui em diante dar ou assinar igrejas, herdades, rendas de qualquer qualidade que sejam que pertençam aos mestres que hoje são e ao adiante forem, ainda que sejam dadas em remuneração de serviços, ou merecimentos, ou seja por via de troca ou por outra via a alguém. "(pág. 101, da mesma obra).

[71] - Obra anteriormente citada de Vieira Guimarães, pág. 129. Sobre este "esplendor" de que fala o autor, convém transcrever o texto de Rui Paulo Duque Maurício, intitulado "Ordo militaris e função real", inserido no livro *As Ordens Militares em Portugal*, pp. 245-246: "No «Auto da Barca do Inferno», de Gil Vicente, os temerários cavaleiros da Ordem de Cristo passam à eterna bem-aventurança pelos dons da abnegação; do Cais das Almas dirigem-se de imediato ao batel da glória, nele se reconhecendo a idealidade das suas próprias virtudes e o verdadeiro sentido tropológico da sua renúncia. À galé, dirigida pela «justiça divinal», topos fundamental do imaginário manuelino, atracam-se os valores políticos definidos. A obra redentora dos cavaleiros que morrem nas «partes d'além» pela causa de Cristo, repõe uma ordem social e eterna correspondente a um élan coletivo de salvação universal. Esta existência superior coroada com o troféu da «paz eterna», conduzirá a sociedade dos homens no mar tempestuoso da vida transitória ao ancoradouro do reino messiânico."

Mais tarde, em 1503, um novo Capítulo Geral trouxe novas reformas[72], como a colocação de embaixadores da Ordem em Castela, Roma e Lisboa, a par da criação do cargo de Cobrador, para recolher as imensas rendas, assim como o de Professor, para ensinar as ciências aos cavaleiros. O séquito do Mestre era reduzido a apenas quatro cavaleiros e o intervalo da faixa etária para admissão era fixado entre os 15 e os 50 anos. "Portugal, guiado pelas bandeiras de Cristo, por esses heróicos cavaleiros que lhe abriram a carreira de glória imortalizada pelo sublime Camões, vê durante este mestrado estender o seu domínio de Ceuta ao Cabo da Boa Esperança (...) Portugal atinge também o zénite da sua riqueza verdadeira e D. Manuel cunha nova moeda – o tostão -, em cujo reverso mandou pôr a cruz da famosa Ordem."[73]

O seu sucessor é D. João III, demasiado dado a impulsos e arrebatamentos de fé. Foi com ele que, a 23 de Julho de 1523, se reuniu o último Capítulo Geral da história da Ordem de Cristo.

Sete anos depois, após conflitos internos o hábito era dado, por Frei António de Lisboa, aos membros da Ordem: túnica e escapulário branco e Murça aberta com a cruz de Cristo visível. Isso significava que passavam de milícia a Ordem estrita e puramente religiosa. Os antigos membros não aceitaram a mudança de bom grado, sentindo que muito havia ainda a fazer, antes de se dedicarem apenas à reflexão religiosa. Mas os bens da Ordem

---

[72] - "D. Manuel I, no final do ano de 1503, fez, desta vez já como rei, um outro Capítulo Geral da Ordem, para atender a algumas desordens que havia nos comendadores e nos freires da Ordem", sendo que algumas das alterações foram: "D. Manuel vira os dormitórios profanados por homens leigos e mulheres dissolutas. Mandou ao D. Prior meter tudo na ordem, expulsando sagrais *(nota: palavra oriunda de Sagral, que significa o mesmo que secular, isto é, que não fez votos monásticos)* e mulheres e não consentindo mais tal na casa do Senhor. Proibiu aos religiosos de sair as portas da cerca sem licença. (...) São proibidos jogos de dados e távolas, já que eles são muita vez causa de juras e blasfêmias. (...) Ninguém pode ser admitido ao hábito com menos de 10 anos, nem receber comenda antes dos 17." (pp. 105-106 da obra *De Tomar*, de Amorim Rosa).

[73] - *A Ordem de Cristo*, Vieira Guimarães, pp. 165-173.

eram novamente motivo de cobiça para um monarca. Contando agora com um escasso número de membros, a Ordem de Cristo foi impotente para inverter o rumo dos acontecimentos.

> "Por sua morte *(nota: D. Manuel I)*, em 1521, ficou dirigindo os destinos da Ordem seu filho, o fanático D. João III, que parece ter concentrado toda a sua atividade em aniquilar a corporação ilustre que durante séculos, tantos e tam relevantes serviços prestara a Portugal! E assim, ao fim de dois anos de governo, consegue que o papa Adriano VI permita que a ilustre Ordem de cavalaria se transforma num simples e improveitoso convento de frades seculares. Sepultada no fundo de uma cela a alma ardente e generosa dos cavaleiros doutrora, ficou vegetando apenas o frade untuoso e seráfico, desfeito em contumélias hipócritas perante a boçalidade realenga dos seus novos grãos-mestres."[74]

---

[74] - *A Ordem de Cristo (resumo histórico)*, Eleutério Cerdeira, pp. 18-19. A isto, podemos ainda acrescentar as palavras de José António dos Santos, na sua obra *Monumento das Ordens Militares do Templo e de Christo em Tomar*: "O monarcha *(nota: D. João III)*, cujo espírito naturalmente pouco esclarecido, ainda mais se obcecava com as idéias que lhe incutiam (...) pensou fazer um ato meritório perante Deus, convertendo em frades os cavaleiros de Christo. Autorizado pelo capítulo, que não ousou oppor-se ao real capricho, e pela bulla d'aprovação que se não fez esperar, D. João III procedeu à reforma da Ordem, transformando os cavalleiros conventuaes em religiosos de cogula, sujeitos à clausura e regularidade monásticas. Assim os cavalleiros de Christo lançaram para longe de si a espada, até então sempre pronta a desembainhar-se em serviço da pátria; enrolaram aquella bandeira que tremulara ovante nas primeiras caravelas que foram descobrir os mysterios do Oceano; e perante os altares fizeram voto solemne de viver somente para o serviço da egreja, reclusos contra as paredes do claustro. Seguiu-se depois a encorporação definitiva do mestrado de Christo na coroa." (pp. 103-104) Como tal, "a milícia de Christo, como corporação illustre e útil pelos serviços que prestava à pátria, inutilisou-a D. João III. Rasgou-lhe do livro das suas glórias as paginas que porventura se podiam ainda preencher, e cortando-lhes todas as esperanças da vida, sepultou seus membros na casa, que d'antes só occupavam, quando o escasso tempo do ócio lhe permitia. O período de engrandecimento dos edifícios por meio das obras d'arte terminou com a dynastia filippina. Que resta agora? A tristeza que reveste tudo o que vae a perecer." (pp. 109-112)

D. Sebastião e D. Henrique foram os seguintes na linhagem do mestrado da Ordem de Cristo, exatamente anteriores ao período filipino. Nenhum deles, naturalmente, teve grande influência sobre uma Ordem que, por si, estava já em declínio. Por volta de 1580, há a registar que o breviário cisterciense[75], até aí utilizado, foi substituído pelo romano, através da intervenção direta do papa Gregório XIII.

De lá para cá (até ao final da sua existência), os relatos que nos chegam, da pena dos cronistas coevos, são relativos a obras no Convento de Cristo ou mudanças, de pormenor, nos Estatutos da Ordem. Afinal de contas, os cavaleiros de Cristo não existiam mais, eram agora simples freires, e a Ordem estava longe dos tempos áureos de influência política. Apesar da tímida tentativa de D. Maria, em 1789, que conseguiu tornar a Ordem de Cristo uma estrutura regular, isto é, livre da asfixia da clausura, o fato é que não mais a opulência do passado voltaria, e em 1834, a rainha D. Maria II extingue todas as ordens religiosas.

Terminava aí, efetivamente, a história da Ordem de Cristo e, com ela, pereciam, igualmente, os vestígios dos Templários.

---

[75] - A Ordem de Cister, fundada em 1098, por S. Roberto, na zona de Dijno (França) era uma das mais severas, defendia um regresso à pureza e despojamento originais do cristianismo, através de uma reforma profunda e absoluta da estrutura monástica. Onde quer que se instalassem, contribuíam de forma decisiva para a colonização e desenvolvimento das áreas que ocupavam, aplicando técnicas agrícolas inovadoras e intensivas e, sobretudo, uma grande disciplina na organização e método de trabalho. Por assim dizer, os monges de Cister baseavam a sua vida por uma simplicidade extrema, empregando-se a fundo na oração, no estudo, no ensino e, naturalmente, a cuidar da vida agrícola. Não se lhe conheciam excessos de qualquer tipo e a sua Regra, que se baseava na de S. Bento, foi sucessivamente adoptada em Portugal pelas demais ordens militares e religiosas. Quando a tal disciplina férrea deixou de ser respeitada, alguns monges mais austeros abandonaram-na e fundaram outras similares, as quais jamais conseguiriam possuir a mesma repercussão da Ordem de Cister. S. Bernardo de Claraval foi um dos mais importantes clérigos que dela fazia parte, e a sua abadia, a par com a de Pontigny, foram as duas principais na Europa, ao longo dos tempos.

7. A Terra de Vera Cruz (Brasil)

«Segundo Tito Lívio Ferreira, a Ordem de Cristo esteve presente no Brasil desde a primeira missa e durante todo o período a que chama de "desbravamento, povoamento, humanização e evangelização", ao longo de 300 anos. Sempre rodeada de mistérios e louvores, a herança dos Templários parece ter sobrevivido por muito mais que três séculos após ter atravessado o Atlântico."

História e Lenda dos Templários

A descoberta do Brasil faz parte, naturalmente, de um plano bem urdido – não há maneira de escamotear que tudo (incluindo alterações ao nível do célebre Tratado de Tordesilhas, assim como a despreocupação total com a descoberta dos Estados Unidos da América, alguns anos antes[76]) tenha sido

[76] - *O Tesouro Templário em Portugal*, de Patrício Cristóvão, refere que "É evidente que Portugal pouca importância dava ao continente americano sob o ponto de vista econômico. Conhecia todo o continente, percorrido mais de vinte anos antes da data oficial da descoberta por navegadores portugueses, mas também por tradição; já os Templários sabiam da sua existência. Era o mundo dos deuses antigos, daqueles que trouxeram verdadeiros conhecimentos ao povo do velho continente, o que justificava o grande conceito templário como o de todos os conhecedores da história: «ao erguer-se qualquer obra de vulto procurai as ruínas do passado». (...) Portugal foi sempre um pequeno país que conservava as suas fronteiras sem pretender expandir-se na sua posição européia; não lhe faltaram oportunidades, porém, Portugal não era um país qualquer, era um templo construído pelos Templários. Tinha uma missão a cumprir e essa englobava toda a Humanidade." (pág. 36). Acrescente-se, ainda, a teoria que pretende a descoberta dos Estados Unidos da América por navegadores portugueses, na obra *A Ordem de Cristo e o Brasil*, da pena de Tito Lívio Ferreira, pág. 53: "«As nossas investigações, porém, conduziram-nos a uma nítida conclusão: marinheiros portugueses visitaram muitas vezes as Terras do Novo Mundo, ainda antes ⇒

feito para que Portugal pudesse encontrar aquele espaço territorial no hemisfério sul do globo terrestre. Agora, uma grande questão se coloca: de quem parte esse tal "plano"? Muitos historiadores são lestos a afirmar que se trata do "Plano Templário", outros renegam essa possibilidade, mas julgam-na fruto do legado do Infante D. Henrique que D. Manuel soube aproveitar com mestria.

Muito temos lido e pesquisado, mas, até ao momento, ainda não houve, da parte de ninguém, uma resposta cabal a esta dúvida que assola a mente de muitos. Da nossa parte, estamos em crer que, sem sombra de dúvida, a Ordem de Cristo (os sucessores dos Templários) são parte fundamental no achamento desse grande país sul-americano. Razões para esta afirmação são várias: apesar de algumas dúvidas, é de crer que seria a bandeira da Cruz de Cristo[77] a esvoaçar nas caravelas que partiram em direção ao Brasil.

---

da primeira viagem de Colombo (...) A única base do projeto de Colombo foram as instruções que ele recebeu em Portugal. Com efeito, o que determinou Colombo em sua empresa foram os dados, e especialmente o mapa obtido dos marinheiros que tinham visitado o Novo Mundo nos anos 80. Demonstraremos que esses homens que visitaram a América anteriormente a Colombo eram marinheiros de navios portugueses» (D. Tzukernik, *Uma nova luz sobre as expedições de Colombo*, em «Ocidente» - Lisboa, Janeiro de 1961; nº 273 – Vol. LX, ps. 3 a 20)."

[77] - "Nada nos diz, documento algum atesta que essa cruz *(nota: de Cristo)* fosse nos panos do esbelto barco criado pela ciência marítima dos portugueses – a caravela (...) Está assente de há muito, em heráldica, que as armas nos escudos, peitorais, casas, navios, etc., se começaram e continuaram a usar por motivo de precisão de se reconhecer facilmente quem delas fazia uso. Em longínquas épocas se principiaram a empregar por difícil se tornar, especialmente na tumultuosidade da guerra, o reconhecer os guerreiros vivos ou mortos, em virtude do cerramento das suas armaduras. (...) Assim se criou a armaria que largamente se estendeu. (...) Estas eram colocadas também nos seus pertences: portões, palácios, arreios dos cavalos, e, se barcos tinha, nas velas eram pintadas, para que, no mar, se discriminassem e respeitasse o poder do seu proprietário. Se, deste modo, era uso generalizado, não acontecia o mesmo em Portugal, nos primeiros oitenta anos dos Descobrimentos.

Para além disso, o comandante da embarcação pertencia à Ordem citada[78]. Por último, a distribuição territorial foi entregue, assim como a parte religiosa, em primeira instância, à milícia portuguesa.

> "Nesse mundo latino ainda caótico, desorganizado e subdivido, apenas o reino de Portugal apresenta, no Outono Medieval, as características próprias de uma nação organizada, constituída e estruturada, e daí ter-se preparado, como se preparou, para ser no século XV o porta-bandeira da civilização cristã no planeta. (...) Em Sagres e em Lagos, sob a direcção do Infante D. Henrique, príncipe do Atlântico, se processava a transformação da Europa, da Idade Média para a Idade Moderna, a interligação dos povos de todas as latitudes e longitudes, de todos os meridianos.

(Continuação da nota 77.) OInfante D. Henrique tinha as suas armas próprias que só empregava no que a si dizia respeito, mas, como chefe da Ordem de Cristo, que ao mar se lançava, com a bandeira desta é que ele honrava os capitães das suas barcas (...) D. Henrique que vive até 1460 e seus barcos, pois, sempre levaram a Cruz de Cristo, mas essa nobre bandeira era como que testemunho de posse da sua Ordem e em sinal de reconhecimento de que, sem ela, não teria sido o grande homem, devido ao qual meio mundo começou por ver, mais cedo, o descobrimento do outro meio." (pp. 8-10, da obra *A Cruz da Ordem de Cristo nos navios dos Descobrimentos Portugueses*, de Vieira Guimarães).

[78] - De acordo com Patrício Cristóvão, na sua obra *O Tesouro Templário em Portugal*, havia uma componente de secretismo em torno da Ordem de Cristo, dos navegadores e dos Mestres que engendraram os chamados Descobrimentos Portugueses: "Não há lugar para dúvida quando se fala de ocultismo e ciências secretas praticadas na Antiguidade. Foi um fato que a história comprova. Estranho nos parece que os historiadores confiem nos documentos legados tomando como verdade indiscutível o seu conteúdo. (...) A Ordem de Cristo fechou-se à divulgação no tocante à conquista dos bens terrenos que sabia só conduziam à anarquia e à guerra, geradas pela cobiça. Porém, era aberta à lei divina, ao Velho e Novo Testamento como a renúncia e sacrifício dos santos. Será que alguém pensa que o Infante D. Henrique ou outro Governador da Ordem iam transmitir os valores descobertos? Não. Havia sim um núcleo, um escol que conhecia as diretrizes ao qual era exigido segredo fundamental, absoluto. Missões confiadas sob esse aspecto levaram à história inúmeras dúvidas pois, é evidente, algo transparecia dos grandes movimentos efetuados. Sabe-se que os navegadores portugueses quando por força das circunstâncias eram obrigados a fornecer indicações por escrito, duplicavam as distâncias e alteravam os ângulos de observação astral." (pág. 18)

(...) Pela bula de 12 de Março de 1455, Calixto III confirma a anterior de Nicolau V, e concede a jurisdição espiritual das terras do Cabo Nao, na costa de África, até à Índia[79], na Ásia, à Ordem de Cristo, governada pelo Infante D. Henrique (...) Segundo as determinações específicas dos papas referidos, as terras descobertas pelos portugueses seriam adjudicadas naturalmente ao patrimônio da Ordem de Cavalaria de Nosso Senhor Jesus Cristo, cujas rendas podiam ser empregadas na empresa dos Descobrimentos marítimos portugueses, por isso o patrimônio da Ordem de Cristo podia ser aumentado, jamais diminuído por forma alguma.

(...) Traçada a fronteira ideal das terras pertencentes a Castela e das terras adjudicadas à Ordem de Cristo, pelo Tratado de Tordesilhas, em 1494, quatro anos mais tarde, em 1498, Duarte Pacheco Pereira, mandado por D. Manoel I, cruza o Atlântico de norte a sul, para localizar geograficamente o patrimônio ultramarino da Ordem de Cristo, no novo continente e chega até ao Cabo de Santo Agostinho, no litoral do atual Estado da Paraíba."[80]

---

[79] - De acordo com a obra *As Ordens Militares em Portugal*, e a título de curiosidade, refira-se que das 32 personalidades que constituem a galeria dos Vice-reis e Governadores da Índia, 25 pertenciam à Ordem de Cristo, segundo o estudo de Manuel da Silva Castelo Branco, no texto "As Ordens Militares na Expansão Portuguesa", pp. 57-66. Alguns dos nomes são, a saber: Governador – Lopo Soares de Albergaria (1515 a 1518); Vice-Rei – D. João de Castro (1545 a 1548); e Vice-Rei – D. António de Noronha (1571 a 1573).

[80] - Tito Lívio Ferreira, *A Ordem de Cristo e o Brasil*, pp. 34-45. Na mesma obra, atente-se ainda à referência da Ordem de Cristo ao Brasil, na pp. 111-112: "«Não se depara na história universal, um caso como o da Ordem de Cristo, votada, durante um largo período, à obra nacional dos Descobrimentos. Daqui, também, o carácter juntamente heróico e político que assinalou a cavalaria portuguesa» (Cf. Jaime Cortesão, *Introdução à História das Bandeiras*. II – p. 186) Assim, se a Ordem de Cavalaria de Nosso Senhor Jesus Cristo, constituída pela cavalaria portuguesa, única no gênero na história das civilizações, não foi combater em Jerusalém, em contrapartida foi a cavalaria dos oceanos e depois a cavalaria bandeirante para estar em todos os continentes, inclusive ao patrimônio da Ordem de Cristo, politicamente, o Estado do Brasil, a fim de propagar o lusocristianismo, onde irradiam amissionário e militar, no bandeirismo."

A possibilidade de o Brasil ser conhecido antes de 1500 tem sido uma das teorias mais debatidas nos últimos tempos, quer por investigadores portugueses, quer por brasileiros. Um ponto interessante a fixar é que Duarte Pacheco Pereira, um famoso aventureiro dos mares, na sua obra *Esmeraldo de Situ Orbis*, redigida por volta de 1505, aborda a possibilidade de ter sido enviado por D. Manuel numa pesquisa por mares que iriam desembocar em território brasileiro. Não menos verdade é afirmar que a sua obra foi publicada posteriormente à chegada de Pedro Álvares Cabral à Terra de Vera Cruz, o que levanta a possibilidade de se tratar de pura ficção.

Um célebre investigador português refere que "não parece plausível que um homem *(nota: Duarte Pacheco Pereira)* que participou na fase final das negociações de Tordesilhas, tendo sido, inclusive, por determinação do *Príncipe Perfeito (nota: D. Manuel)*, um dos signatários do Tratado – distinção que nem sempre refere, tal como não menciona a sua relevante atuação na defesa do reino de Cochim (1504), nem o acolhimento triunfal que D. Manuel lhe reservou (1505) – procurasse valorizar o seu currículo com uma viagem inexistente. (...) As ilações a retirar são, pois, a de que a expedição de 1498 foi comandada pelo autor do *Esmeraldo* e que a mesma atingiu os objetivos pretendidos pelo rei de Portugal"[81] .

---

[81] - Jorge Couto, pp. 153-154 da obra *A Construção do Brasil*. Ainda sobre Duarte Pacheco Pereira, e até para tentar compreender a sua estatura moral, atente-se nas palavras do *Dicionário de Biografias*, pp. 523-524: "Cosmógrafo português e militar, realizou algumas viagens à costa da Guiné, sob as ordens de D. João II e figurou entre os membros da delegação portuguesa encarregada de estabelecer com os castelhanos, os termos do Tratado de Tordesilhas. D. Manuel I, em 1498, encarregou-o de uma expedição relacionada com a demarcação da linha estabelecida pelo mesmo tratado, o que terá constituído um passo preparatório do descobrimento do Brasil e depois acompanhou Pedro Álvares Cabral na viagem de 1500. Depois de várias outras viagens, nomeadamente à Índia, exerceu o cargo de capitão de S. Jorge da Mina. Na sua obra revelou-se um dos melhores representantes da escola náutica portuguesa e afirmou o primado da experiência como fonte do conhecimento, contra o saber livresco tradicionalmente aceite."

Atestada que está a capacidade de navegação de Duarte Pacheco Pereira[82] e, por arrastamento, a sua incapacidade para efabular sobre viagens, cremos, então, que a dúvida principal que se coloca – e sem possibilidade de ser resolvida – consiste em se considerar, ou não, como válida a interpretação dos investigadores modernos. Isto, pois a viagem de Duarte Pacheco, na realidade, existiu. Agora, se encontrou ou não um porto seguro em qualquer local do Brasil, bem, sobre isso, apenas os próprios o poderiam confirmar, visto que, de uma interpretação da obra *Esmeraldo*, jamais existe uma clareza relativa ao território brasileiro. Porém, a interpretação pode ser conduzida nesse sentido. Enfim, um imbróglio que quase ninguém tem tido a capacidade de assumir, de forma concreta. Fiquemos, no entanto, com a parte mais polêmica, e que mais tem dado azo a teorias, da pena de Duarte Pacheco Pereira:

> "E além do que dito é, a experiência, que é a madre de todas as coisas, nos desengana e de toda a dúvida nos tira; e portanto, bem-aventurado Príncipe, temos sabido e visto como no terceiro ano de vosso reinado do ano de Nosso Senhor de mil quatrocentos e noventa e oito, donde nos Vossa

[82] - A revista brasileira *Isto É*, publica a 19 de Novembro de 1997, um interessante artigo sobre o desenvolvimento da teoria na qual Duarte Pacheco Pereira foi o primeiro a chegar ao Brasil. Atente-se num excerto do texto: "Esqueça tudo o que você aprendeu na escola sobre o Descobrimento do Brasil. (...) O primeiro português a chegar ao Brasil foi o navegador Duarte Pacheco Pereira, um gênio da astronomia, navegação e geografia e homem da mais absoluta confiança do rei de Portugal, D. Manoel I. Duarte Pacheco descobriu o Brasil um ano e meio antes de Cabral, entre Novembro e Dezembro de 1498. O primeiro português a confirmar que existiam terras para lá do Oceano Atlântico desembarcou aqui num ponto localizado nas proximidades da fronteira do Maranhão com o Pará. De lá iniciou uma viagem pela costa norte, indo à ilha de Marajó e à foz do rio Amazonas. Quando regressou a Portugal, o rei ordenou-lhe que a expedição deveria ser mantida em sigilo. O motivo para que a descoberta fosse tratada como segredo de estado era bastante simples: as terras encontravam-se em área espanhola, de acordo com a divisão estabelecida pelo famoso Tratado de Tordesilhas, assinado em 1494."

Alteza mandou descobrir a parte oucidental, passando além da grandeza do mar oceano, onde é achada e navegada tão grande terra firme, com muitas e grandes ilhas adjacentes a ela, que se estende a setenta graos de ladeza da linha equinocial contra o pólo ártico e, posto que seja assaz fora, é grandemente povoada (...) é achada esta terra não navegada pelos navios de Vossa Alteza e, por vosso mando e licença, pelos dos vossos vassalos e naturais; e indo por esta costa sobredita, do mesmo círculo equinocial em diante, per vinte e oito graos de ladeza contra o pólo antárctico, é achado nela munto e fino brasil[83] com outras cousas de que os navios nestes reinos vêm grandemente carregados."

Eis-nos, então, apesar das polêmicas, chegados ao ano de 1500. A 8 de Março desse ano, uma frota[84] de treze navios, comandados por Pedro Álvares Cabral[85], preparava-se, a partir de Belém (Lisboa) para se encaminhar rumo

---

[83] - De acordo com o *Grande Dicionário da Língua Portuguesa*, brasil é uma árvore leguminosa, que produz a brasilina para tinturaria. A *Grande Enciclopédia Universal* refere ainda que é uma árvore da família das Papilionáceas, que cresce nos países tropicais e cuja madeira é o pau-brasil. Ainda sobre a Descoberta do Brasil, esta última obra adensa ainda mais a dúvida, ao referir que, muito provavelmente, o primeiro europeu a pisar o solo brasileiro terá sido o navegador espanhol Vicente Yanez Pizón, entre os anos de 1499 a 1500.

[84] - "Foi, pois, a esquadra de Pedro Álvares Cabral a primeira que saiu de Portugal, indo as suas velas «todas assinaladas pelas cruzes de Cristo», como refere claramente Gaspar Correia, nas suas «Lendas da Índia». De então por diante, todas as novas frotas as levaram no seu velame, para que bem alta esta excelsa cruz fosse também contemplada, por todos os que ao povo, por ela simbolizado, ficavam a dever o descomunal serviço de descerrar os mares, de contemplar outras estrelas, de ver novas regiões e de conhecer o resto da Humanidade.", pág. 16 da obra de Vieira Guimarães, intitulada *A Cruz de Cristo nos Navios dos Descobrimentos Portugueses*.

[85]- No *Dicionário de Biografias*, pág. 117, dá-se uma descrição sucinta do navegador português: "nomeado comandante de uma frota que parte com destino à Índia, virá a descobrir o Brasil a 22 de Abril de 1500. Seguiu a rota indicada por Vasco da Gama, mas, ao passar por Cabo Verde, sofre um desvio maior para sudoeste, atingindo a costa brasileira a 22 de Abril de 1500. Manda um navio a Portugal com a nova da descoberta e segue para a Índia, chegando a Calecute em 13 de Setembro de 1500." ⇒

ao "desconhecido" oceano. Com uma tripulação de 1500 homens, era uma esquadra bem preparada e com uma missão bem delineada. A 21 de Abril desse ano avistam terra firme e, no dia seguinte, os portugueses pisam as finas areias do continente sul-americano, sob o olhar dos ameríndios locais. Apesar dos preparativos, o cenário que encontraram foi, aos seus olhos europeus, deslumbrante, como se atesta através da *Carta de Pêro Vaz de Caminha*:

> "Na quarta-feira seguinte, pela manhã topamos aves a que chamam fura-buchos e neste dia, a horas de véspera, avistamos terra, a saber: em primeiro lugar um monte grande, muito alto e redondo e outras serras mais baixas ao sul dele; e terra rasa, com grandes arvoredos. Ao mesmo monte pôs o Capitão o nome de Monte Pascoal; e à Terra – Terra de Vera Cruz. Mandou lançar o prumo e acharam 25 braças e ao pôr-do-sol, a cerca de 6 léguas da terra, lançamos âncoras com 19 braças; a ancoragem foi boa. Ali ficamos toda aquela noite e na quinta-feira, pela manhã, fizemos vela e seguimos direito à terra com os navios pequenos (...) Dali houvemos vista de homens que andavam pela praia, cerca de 7 ou 8, segundo os navios pequenos disseram, porque chegaram primeiro. Ali lançamos os bateis e

---

Em *Dicionário de Personalidades*, obra incluída na colecção *História de Portugal*, coordenada por José Hermano Saraiva, a descrição do comandante é mais extensa. Porém, optamos por citar apenas os trechos mais importantes: "Teve na nomeação para capitão-mor da Armada da Índia a oportunidade da sua vida. Vasco da Gama abrira o caminho marítimo para a Índia dois anos antes e Portugal era o centro do mundo. O novo rei, D. Manuel I, desejava consolidar o poder luso em terras do Oriente. A escolha de Cabral, em detrimento, por exemplo, de Vasco da Gama, prendeu-se com o fato de D. Manuel I ter entendido dever mandar à Índia uma armada eminentemente com funções militares. Apesar dessa componente, o descobrimento (ou achamento) da costa do Brasil, levada a cabo por Pedro Álvares Cabral, em Maio de 1500, parece ter obedecido a instruções precisas, sendo o resultado de observações prévias, feitas por outros navegadores, em especial depois da partilha do Mundo, baseada no Tratado de Tordesilhas (1494). Assim se entenderá que Cabral se tenha preocupado em fazer um reconhecimento sumário da costa brasileira e, de imediato, ter enviado a D. Manuel a célebre carta de Pêro Vaz de Caminha, onde se dá conta da descoberta." (pág. 126)

> esquifes à água e vieram logo todos os capitães das naves a esta nau do Capitão-mor e ali conversaram. E o Capitão mandou no batel, a terra, Nicolau Coelho para ver aquele rio; e quando começou a ir para lá acorreram, à praia, homens, aos dois e três; assim, quando o batel chegou à foz do rio estavam lá 18 ou 20 homens, parados todos nus, sem nenhuma roupa que lhes cobrisse suas vergonhas. Traziam arcos e setas nas mãos. Vinham todos rijos para o batel e Nicolau Coelho fez-lhes sinal para que deixassem os arcos e eles os pousaram. Mas não pôde ter deles fala nem entendimento que aproveitasse porque o mar batia com força na costa. Apenas lhes deu um barrete vermelho e uma carapuça de linho que levava na cabeça e um sombreiro preto. E um deles deu-lhe um sombreiro de penas de aves, compridas, com uma copazinha pequena, de penas vermelhas e pardas como as de papagaio. E outro deu-lhe um ramal grande de continhas brancas e miúdas que parecem ser de aljaveira."

Assim, estava encontrado, pelo menos em nível oficial, este país que, ainda hoje se revela como o mais belo fruto da árvore dos Descobrimentos Portugueses, onde a língua de Camões ecoa em milhões de pessoas, localizadas tão longe de Portugal. Estamos em crer que tal se deveu, sobretudo, aos esforços da Ordem de Cristo, herdeira direta dos conhecimentos Templários. Tanto assim é que o primeiro símbolo a figurar na Terra de Vera Cruz não foi a bandeira portuguesa, mas, isso sim, a célebre Cruz de Cristo, no padrão dos Descobrimentos.

8. A Simbologia e os Mistérios Templários

«A Ordem do Templo promovia a amizade, a fraternidade, entre as pessoas. Fazia com que elas não permanecessem perpetuamente separadas; tentava revelar ao Homem o que ele era e incitava-o para uma realização plena. Procurava também melhorar a sua personalidade. Ensinava-o a respeitar todas as crenças relativas à eternidade ou não eternidade da vida espiritual. Os membros desta Ordem deveriam ter como objetivo realizar em todos os seres humanos, o máximo desenvolvimento moral e intelectual. (...) Os símbolos eram usados como método pedagógico de ensino secreto. A sua aprendizagem conduzia à tolerância e à maior inclusão na fraternidade. Este ensino fazia despertar no discípulo uma mais robusta e sagrada vivência.»

Os Templários na Formação de Portugal,
prefácio do Prof. Dr. Luís do Espírito Santo

A história dos cavaleiros templários trouxe até nós uma série de mistérios e de arte simbólica que, em maior ou menos grau, é reconhecida por quase todos. Trata-se de uma área temática sobre a qual muitos opinam demasiado e mal, enquanto que uma pequena percentagem, apesar de possuir avalizadas idéias, se abstêm de as fornecer ao público em geral. A inclusão do presente capítulo serve, naturalmente, para, de uma maneira simplificada, tentar dar ao leitor uma visão dos temas em análise, fornecendo-lhe as ferramentas básicas que lhe permitirão tirar as suas próprias conclusões. Pretendemos, acima de tudo, dar a possibilidade, a todos, de apreender a matéria e jamais forçá-lo a ir no caminho que julgamos o correto.

Neste capítulo, iremos abordar os dez temas mais polêmicos referentes à Ordem do Templo.

I) Baphomet

A afirmação de que os Templários adorariam um ídolo satânico, pleno de barbas, constituiu uma das bases para a extinção da ordem militaro-religiosa. (Veja figura pág. 122) Convém, antes de mais, que tentemos entender o que significa "ídolo". Para isso, baseemo-nos numa obra de reconhecida qualidade, que nos explica que um ídolo é "uma figura ou estátua que representa uma divindade que se presume ser adorada sob a sua aparência palpável, fato que constitui o erro chamado idolatria"[86]. Procuramos, ainda, tentar perceber qual o significado simbólico da barba, a qual surge aposta no tal ídolo que os Templários, supostamente adorariam. "A boca, e especialmente os lábios (por associação e substituição), simbolizam os órgãos sexuais femininos, e a barba, que por consequência se torna pêlo púbico, costuma sublinhar esta características feminina do homem, a sua *Anima. Mas aqui o material simbólico incide mais sobre o destino da mulher*: a revelação exterior da feminilidade oculta o *Animus* masculino interior, especialmente a zona erótica da mulher é simbolicamente relacionada com o seu *Animus*. Trata-se do ponto de contato entre ela e o homem, quer no nível físico quer no simbólico."[87]

Estaríamos, então, perante uma hipotética adoração do lado feminino da Humanidade? Não nos parece. A existir tal figura, não cremos que pudesse ter essa importância. Mas atentemos na descrição mais comum do tal símbolo diabólico:

---

[86] - *Signos, Símbolos e Mitos*, Luc Benoist, pág. 113. Para além disso, é de referir o significado de idolatria: "pecado oposto à virtude da religião e que consiste em prestar a uma criatura o culto que só a Deus é devido. Acção de prestar a criaturas o culto que só deve render-se a Deus. Adoração dos ídolos, culto dos falsos deuses.", em *Grande Dicionário da Língua Portuguesa*.

[87] - *Dicionário dos Símbolos*, Tom Chetwynd, pág. 71.

"O Bafomet: O bode[88] que era o ídolo dos Templários... Algumas autoridades afirmam que Baphomet era uma cabeça monstruosa, outros que era um demônio em forma de bode... Uma figura mágica e panteísta do absoluto. A tocha entre os dois chifres representa o equilíbrio e a inteligência da tríade. A cabeça do bode, que é sintética, inclui algumas características do cão, do touro e da mula... As mãos são humanas... Elas formam o sinal do esoterismo em cima e em baixo, para transmitir mistério aos iniciados, e apontam para duas luas crescentes. A parte inferior do corpo está coberta... A barriga do bode é bem proporcional... O bode tem seios femininos... Em sua fronte, entre os chifres e abaixo da tocha, está o sinal do microcosmo, ou o pentáculo[89] com uma ponta na ascendente..."[90]

Esta é, sem dúvida, a imagem-tipo do Baphomet. Mas outras formas têm sido passadas para o presente, mesmo que, até hoje, ninguém possa afirmar ter visto *a verdadeira*. Inclusivamente, como lemos em capítulos

---

[88] - O símbolo "bode" é assim descrito na obra anteriormente citada de Luc Benoist, pp. 79-80: "O touro e o bode, símbolos animais de Dionísio, eram com efeito reputados pela sua potência prolífica e a procissão do falo, no fim do qual este era destapado, constituía um rito de Elêusis. Podemos ver estes episódios em Pompeia pintados nas paredes da «vila dos mistérios», que aliás se situava próximo, como foi recentemente descoberto, de uma vinha urbana. O trovão que anuncia a chuva benfazeja era considerado um bramido do touro, e o sacrifício do bode durante as festas de Dionísio era acompanhado por um cântico sagrado, origem da tragédia (*tragos-ôidê*) que significa «canto do bode». Este papel de bode expiatório, portador dos pecados coletivos da tribo, poderá esclarecer o processo de «purga das paixões», que Aristóteles atribuía à peripécia trágica.

[89] - De acordo com o *Grande Dicionário da Língua Portuguesa*, pentáculo é uma "estrela de cinco raios, considerados como símbolo da perfeição ou da natureza pelos pitagóricos, neoplatônicos e gnósticos e empregado por muitas seitas mágicas".

[90] - *Encyclopedia of Occultism*, Lewis Spence, Copyright 1959, publicado originalmente em 1920.

anteriores, os testemunhos de alguns cavaleiros Templários são tudo menos coincidentes. Como tal, não é de estranhar que as teorias[91] dos investigadores sejam, igualmente, díspares.

Uma das mais antigas é do barão Joseph Von Hammer-Pürgstall, que em 1816 redigiu um texto que falava dos mistérios templários. Ora, como é sabido de todos, a área norte-europeia é, de fato, contrário à Ordem do Templo desde o seu início e, segundo se sabe, este barão procurou denegrir a imagem da mesma. Assim, na sua opinião, a palavra *baphomet*, teria origem na união de dois termos, *baphe* ou baptismo e *metes* ou sabedoria. Este investigador procurou ainda, através de uma análise pessoal de um hipotético ídolo, relevar o carácter de hermafroditismo com que os Templários encarariam a própria vida – tentando reforçar a teoria do homossexualismo.

Inclinamo-nos para que a associação da cabeça do ídolo fosse para relembrar aos cavaleiros a história de São João Baptista, com a sua cabeça decapitada, consequência dos desvarios carnais de Herodes. Isso lembrar-lhes-ia, se por acaso existisse, o voto de castidade. É, evidentemente, apenas mais uma teoria. A esta ideia de fraude, no entanto, um autor atual apoia-nos: "Seja qual for a derivação etimológica do nome, foi referido que os Cavaleiros do Templo adoravam Baphomet, perante um enorme ídolo. No atual folclore do culto, diz-se que Baphomet tem a cabeça de uma cabra e o corpo de um homem, mas com cascos fissípedes. No entanto,

---

[91] - Algumas das possíveis explicações para o termo Baphomet seriam, entre outras, as seguintes: de Osíris, deus egípcio; de Baphe e Metros, uma corruptela de Behemot, um ser bíblico de características fantásticas; Azazel, o bode expiatório do deserto (teoria de H. P. Blavatsky); ou à forma cabalística de escrever Sophia, ou sabedoria. Uma das teorias mais vezes adotada é que a palavra Baphomet seria uma corruptela, não de Behemot, mas de Maomé, o profeta muçulmano referenciado como Muhammad ou Mahomet. Não nos inclinamos, seriamente, para nenhuma delas.

esta descrição, parece ser bastante recente e está ligada aos rituais satânicos e à magia negra, e é algo que foi fraudulentamente introduzido no século XIX, sendo relacionada com os Cavaleiros do Templo."[92]

II) Virgem Maria

A adoração dos Templários pela Nossa Senhora é algo indesmentível. Mais não seria necessário que consultar os nomes das igrejas construídas pela Ordem. A título de exemplo, convém referir-se a célebre Igreja de Santa Maria do Olival, em Tomar (Portugal), cuja estrutura-base está na origem de todas as outras que foram construídas pelos cavaleiros portugueses.

E este fato assente longe, em épocas de São Bernardo de Claraval, mentor espiritual da Ordem do Templo: "Para S. Bernardo[93], Maria santíssima, a Virgem Mãe de Jesus, é a estrela do mar, sob a qual se acolhe

---

[92] - *O Código Da Vinci Descodificado*, Simon Cox, pp. 25-26.

[93] - "Se a Ordem tomou como Patrono S. João Evangelista, associou-lhe, sob a influência de Bernardo, a Virgem Maria, a qual se apresenta, de fato, como uma remanifestação da grande protectora genésica dos povos pré-cristãos como Isis, Ishtar, Annita, Vénus Urânia – a Sofia dos Gregos – ou a *Dé Ana*, a «Virgem devendo gerar», *Virgini parituræ*, cuja vinda era esperada pelos Celtas. No pensamento Bernardino e templário, o tema mariano é recorrente, encontrado num grande número de orações, muitas vezes impregnadas de grande beleza, de um despojamento muito cisterciense e de uma mística profunda. (...) Arquétipo da mulher sublimada, a Virgem é a «via» por onde passa a força cósmica, servindo e animando toda a criatura que a descobre. É a intermediária que permite ao Verbo incarnar e simboliza o Amor real e indiferenciado, perpetuamente vivo, tornando-se a Mãe e a Senhora, no sentido cavalheiresco do termo, do demandante a quem fornece a forma e a alma de cavaleiro, transformando-se assim na Protetora da cavalaria profana – lembremos o grito de guerra de Du Guesclin, «Notre-Dame Guesclin!», para citar apenas este exemplo – e religiosa. Contudo, no caso do Templo, a temática mariana conheceu dois níveis de interpretação: um nível exotérico, reservado aos irmãos comuns, com base estritamente devocional, em que a Virgem era entendida como a Mãe de Cristo, conforme os ensinamentos da Igreja de Pedro, e um nível esotérico e simbólico, sem marilatria, em que Maria, imagem velada da *Pistis Sophia*, era a Schékinah da Cabala «que designa a presença imediata da divindade no seio do mundo e do homem». (...) ⇒

todo o monge, nas aventuras individuais e colectivas. A sua mística mariana está nesta devoção à maternidade divina, demonstrando ternura, lirismo, exaltação e oração espontânea, como trovador cristão encantado pela virgem mãe. Sempre os Templários tiveram grande veneração pela Mãe de Jesus, procurando ser perfeitos soldados e Cavaleiros de Cristo (...) O culto mariano foi saliente na Ordem do Templo e nas terras conquistadas. (...) A fé dos Templários acompanhou a reconquista e consolidou-se ao amor pátrio, onde quer que chegasse o som brônzeo do sino da oração cristã. Levantaram cruzeiros e nichos votivos com imagens da Virgem, Mãe de Jesus. (...) Na tradição da Ordem do Templo, todas as paróquias que erguiam os Templários eram dedicadas a Santa Maria, com diversas invocações."[94]

A imagem da Virgem Maria como Mãe protetora ser-lhes-ia deveras reconfortante. Evidente, pois saber, no calor do combate, que, caso morressem, teriam o descanso eterno junto a Deus e o conforto da Mãe Maria, seria, pelo menos, motivo de alívio. Para além disso, é normal que, numa Ordem estritamente masculina, cujos membros estavam totalmente proibidos de tocar ou relacionar-se com o lado feminino do mundo, inclusive com a própria mãe, houvesse necessidade do regaço de uma figura intocável, mas na qual confiavam plenamente. E essa era, naturalmente, a Mãe de Jesus Cristo, que concebeu sem pecado.

> "Bernardo teve também um amor louco por Maria, embora tenha escrito muito menos sobre esse tema do que acerca de outros. As poucas páginas que deixou sobre a Virgem ressumam literalmente

---

(Continuação da nota 93.) Ela é o laço que liga o finito ao infinito, os mundos superior e inferior, mediadora que faz comunicar Deus e os homens. Estas concepções podem ser ligadas às últimas palavras pronunciadas por Cristo ao morrer, relatadas no Evangelho de João: «Então, Jesus, vendo sua mãe e junto dela o discípulo amado, disse a sua mãe: 'Mulher, eis o teu filho!' Em seguida disse ao discípulo: 'Eis a tua mãe!' e desde aí o discípulo a guardou em sua casa.» (XIX, 26.)", *b-a-ba dos Templários*, Bernard Marillier, pp. 89-91.

[94] - *Os Templários em Terras de Portugal*, Mário Simões Dias, pp. 37-41.

fervor e amor. Inventou uma oração a Maria, na qual ela aparece como a «Rainha» da *Salve Regina*, que intercede em prol dos homens, junto de Cristo, a Virgem coroada que aceitou a provação desejada por Deus, triunfou sobre ela, é capaz de mostrar o caminho aos homens. A devoção de Bernardo à Virgem parece profunda, o que não é tão habitual na sua época. Daí, poderemos imaginar que não tenha sido alheio à veneração que os Templários sempre tiveram por Nossa Senhora."[95]

Quiçá pelo fato de este tema ser tão pouco propenso a polêmicas, os investigadores atuais têm-no deixado um pouco de lado, substituído pelo mais vendável relacionado com Maria Madalena e a sua hipotética relação com Jesus Cristo. Quando a poeira do marketing assentar, teremos então, novamente, condições para que todos se predisponham a discorrer sobre a importância de Maria para os Templários[96].

III) Balsa Templária

O célebre *Beausant* conseguiu, ao longo da história, ocupar um lugar de destaque na atividade dos Templários. Não só porque a heráldica (ou

---

95 - Michel Lamy, *Os Templários, esses grandes senhores de mantos* brancos, pp. 45-46.

96 - A ligação dos Templários à Virgem Mãe é-nos reforçada por Margaret Starbird, no seu *Maria Madalena e o Santo Graal (a mulher do vaso de alabastro)*: "O florescimento da civilização no século XII, sob a tutela gentil de «Nossa Senhora», encorajou a astronomia e a matemática, a medicina e o misticismo, a arte e a arquitectura. (...) Todos os cristãos honravam a mãe de Jesus e encontravam consolo na sua ajuda. O mais proeminente dos seus santuários era a Catedral de Chartres, local de um antigo culto da Madona Negra (...) A catedral atual, construída entre 1194 e 1220 por cima da gruta onde estava a estátua, é um monumento gótico à doutrina do equilíbrio e da harmonia. Louis Charpentier, um estudioso místico que estudou profundamente a Catedral de Chartres, acredita que a Ordem dos Cavaleiros do Templo, ou Templários, estava por detrás da sua construção, assim como de outras construídas entre 1130 e 1250. A Ordem dos Cavaleiros do Templo criou uma extensa rede de edifícios e herdades que estimulavam a eonomia das cidades de França, levando a prosperidade às diversas regiões." (pp. 96-97)

arte de formar e descrever os brasões de armas; representação gráfica do brasão, que identificava a nobreza) ocupou, na Idade Média, um lugar extremamente importante na identificação dos exércitos e, individualmente, dos cavaleiros, mas também porque só quando a Balsa Templária caía por terra é que se poderia considerar o exército cristão como derrotado. Era assim a maneira mais fácil de identificação.

> "São conhecidas diversas representações do pendão da Ordem: bipartido preto e branco, ou axadrezado de sessenta e quatro casas, como num jogo de xadrez, representação cósmica do Mundo. Este jogo de xadrez está elaborado com base no número 8, que guia o espírito em direção a Deus, e o número 9, harmonia, equilíbrio entre o branco e o preto. Uma terceira forma de apresentar o *beaucéant* consistia numa figura de oitenta e uma casas. São desconhecidas as origens do seu nome. Curiosamente, se os Templários ostentam no manto a cruz pátea[97] vermelha, não é ela que pode ser observada no estandarte. O *beaucéant*, ou ainda *baussan*, é o ponto de referência dos cavaleiros na altura dos combates. Tudo é feito para proteger o estandarte e para o manter acima da peleja, como se fosse uma proteção mágica, papel que incumbe a qualquer estandarte..."[98]

A dicotomia entre a cor branca e negra tem sido das mais estudadas. "Negro e branco, que significava, por um lado, o contraste entre aquilo que pertencia à esfera humana e à esfera cósmica, e, por outro lado, ao eterno combate entre a Luz e as Trevas, o Bem e o Mal, o Espírito e a Matéria.

---

[97] - O termo "pátea" é de origem portuguesa, sendo, como tal, regra geral, desconhecido para os exteriores. Radica num historiador português. Mas podemos, através do *Grande Dicionário da Língua Portuguesa*, saber que pátea é a "designação de uma das cruzes heráldicas: aquela cujos braços são ligeiramente côncavos e vão alargando para as extremidades".

[98] - *A Misteriosa Ordem Templária*, Run Futthark, pp. 73-74.

Também definia uma delimitação territorial e uma proibição tácita de exceder o seu limite. (...) O gonfalão da Ordem do Templo é *baussant* porque é negro e branco, tal como as capas dos templários são brancas ou negras, conforme a classe dos Irmãos. O branco simboliza pureza e castidade; o negro, força e valor. Jacques de Vitry interpreta esta dualidade quando, ao referir-se aos templários afirma que: «são francos e acolhedores para os seus amigos, negros e terríveis para os seus inimigos». Uma vez mais encontramos aqui a dupla natureza da Ordem. O cavaleiro que levava o pendão de guerra (*baussant*) em combate tinha uma grande responsabilidade, compartilhada por cinco ou dez cavaleiros que o deviam rodear. Este estandarte devia estar sempre erguido bem alto. Baixá-lo, mesmo que fosse para usá-lo como lança durante a carga, era punido com os ferros e, sobretudo, com a perda do hábito, da capa, que era uma das sanções mais graves em todas as Ordens militares. Nestas circunstâncias, o cavaleiro entregava a sua capa e revestia-se com um hábito sem cruz. Era obrigado a comer no chão e a ocupar-se de trabalhos infames. A duração máxima desta punição militar limitava-se a um ano e um dia."[99]

Não haja dúvida, então, da importância simbólica[100] para os Templários. Como iremos observar neste capítulo, a Ordem nascida no Templo de Salomão, em Jerusalém, prezava, imenso, tudo aquilo que pudesse ser eternamente identificado. Não havia meias medidas, os Templários projetavam-se para o que haveria de vir. Na altura, por certo, uma interpretação mais eficaz daria, com certeza, uma conclusão pouco

---

[99] - Eduardo Amarante, *Templários, de Milícia Cristã a Sociedade Secreta (Vol. II – Tomo 2)*, pp. 102-104.

[100] - "O fato de considerar os símbolos da Ordem de Cristo iguais aos da Ordem do Templo não é contradição alguma. Após dois séculos de existência o simbolismo podia ser utilizado pela Ordem de Cristo sem isto significar que no mesmo momento tivesse herdado os segredos apócrifos da sua antecessora. Isto é lógico, se se tomar em conta que os Templários formavam uma «mente colectiva» e por conseguinte não bastava uma pequena parte dos cavaleiros templários (segundo se sabe poucos ingressaram na nova Ordem) para transmitir conhecimentos adquiridos durante dois séculos. (...) ⇒

abonatória. Não faria sentido uma milícia religiosa pensar, tanto, em termos de futuro. O certo é que o tempo veio a dar-lhes razão e, atualmente, assim como, por certo, no tempo que nos seguirá, os símbolos templários continuarão a fazer parte do conhecimento e do imaginário de quase todos.

IV) Selo Templário

Não deveria ser estranho que, em uma Ordem cujos votos incluíam a pobreza, o seu sinete, ou chancela, fosse a imagem de dois cavaleiros montados em um só cavalo. Não significa, no entanto, que cada dois cavaleiros apenas pudessem possuir, *ipso fato*, uma única montada. O que pretendemos é afirmar que se tratava de algo meramente simbólico e com um profundo alcance na realidade inicial. Porém, tal fato tem dado azo a muitas interpretações. Da parte dos delatores, tem-se tentado impingir a versão de serem os Templários um grupo sodomita. Quanto aos outros, muitos dos quais tentando ganhar algo em aproveitamento do nome *Templários*, as versões são as mais díspares. Um dos mais reputados, e antigos, investigadores da temática refere:

> "Debrucemo-nos, agora, sobre o sinete templário. Representa dois cavaleiros montando um único cavalo, o que, desde sempre, foi interpretado como um sinal de pobreza que os frades da ordem ostentavam, os quais não podiam possuir mais do que um cavalo para cada dois cavaleiros. Esta interpretação não só é falsa como gratuita, porque se conhece através dos documentos que os cavaleiros

---

(Continuação da nota 100.) Parece óbvio que os cavaleiros templários abrigados no seio da nova instituição, não pertenciam ao círculo íntimo, ao «corpo invisível» da milícia. Assim, após terem transmitido alguma coisa (que em termos reais bastou para assegurar ao reino português o domínio sobre metade do globo) nada adiantaram sobre o «trabalho escondido» da mente coletiva que foi a Ordem enquanto ativa.", André Jean Paraschi, *A Chave Esotérica do Simbolismo Templário*, pág. 2.

possuíam, ou tinham a seu cargo, as suas próprias cavalgaduras e, por vezes, havia mais de uma para cada irmão. Não obstante, é uma realidade simbólica que se repetiu ao longo da iconografia e dos mitos medievais o fato de o *cavalo*[101] constituir uma representação oculta dos segredos cabalísticos. Deste ponto de vista, a figura de dois cavaleiros montados num único corcel assume outro sentido que, na minha opinião, está muito mais de acordo com a filosofia templária e, além disso, coincide com as declarações feitas pelas testemunhas perante os tribunais inquisitoriais. Naturalmente, estas foram efetuadas à medida dos desejos da acusação, mas nem por isso menos significativas, como no caso do dominicano Pierre de la Palude, na sua comparência a 19 de Abril de 1311:

«Ouviu contar que, ao princípio, quando se fundou a ordem dos Templários, dois cavaleiros montavam um único cavalo num combate que se travou em terras ultramarinas; o que cavalgava à frente encomendou-se a Nosso Senhor Jesus Cristo e foi ferido na luta,

101 - De acordo com a obra *b-a-ba dos Símbolos*, de David Gattegno, pág. 30, o cavalo "tem a reputação de ser o único animal a ter esse comportamento para com o homem *(nota: choro e lágrimas de dor exprimem o amor do cavalo pelo cavaleiro*). A sua nobreza é a que mais se aproxima do homem, tanto que, reunindo as naturezas humana e equina, o *centauro* é a imagem da máxima nobreza que é a sabedoria generosa (...) O hieróglifo do cavalo montado entende-se por «dar inteligência», no sentido de *sabedoria* para o cavaleiro e de *inteligência* para o cavalo; inteligência que o cristianismo reconheceu ao adoptar o cavalo como símbolo de «Verbo de beleza». O cavalo confere a sua nobreza a quem o conquista. Ele inspira o ardor a quem o domou. A Idade Média celebra o seu entusiasmo exaltando-se ao som das trombetas e exultando com o odor dos combates. (...) As tradições reconhecem no cavalo a presença *real* de um princípio de natureza divina, daí a constatação do seu extraordinário poder sacrificial: os ossos de mais de 40.000 cavalos reunidos ao pé do rochedo de Solutré; morrendo os cavalos de um modo ou outro após a morte dos seus donos; os ritos fúnebres, enfim, integrando com tanta frequência os cavalos na sepultura do defunto."

mas o outro, que cavalgava atrás dele e, segundo se crê, era o próprio diabo que adoptara forma humana, disse que se encomendaria a quem o pudesse ajudar melhor. Como não foi ferido no combate, censurou o outro por se ter encomendado a Jesus Cristo e disse-lhe que, se acedesse em acreditar nele, a ordem cresceria e enriqueceria; e testemunha ouviu contar, embora agora não saiba a quem, que o primeiro, o que fora ferido, foi seduzido pelo referido diabo, que adoptara a forma humana, e dali, dos supracitados erros, nasceu a pintura que tão amiúde vira, consistente em dois homens barbudos montados num só cavalo, e foi aí que tomaram corpo os mencionados erros».”[102]

A juntar a esta possibilidade, sentimo-nos inclinados a colocar como viável uma outra que tem muitos apoiantes e que parece bem mais razoável. Ela diz respeito à hipótese de o Selo Templário, em que dois cavaleiros montam o mesmo corcel, se reportar à dupla missão terrena dos cavaleiros da Ordem, enquanto monges e combatentes[103]. “Simboliza

---

[102] - *A Meta Secreta dos Templários*, Juan G. Atienza, pp. 54-55, com introdução da nota de rodapé, da mesma obra, expressa na pág. 231. Podemos ainda, com Eduardo Amarante, na sua obra *Templários, de Milícia Cristã a Sociedade Secreta (Vol. II – Toma 2)*, tomar contato com muitas das versões para o mesmo selo dos cavaleiros do Templo: “O significado simbólico do selo dos cavaleiros gêmeos: esta sigilografia é profundamente simbólica e pode ter vários significados. São eles: o símbolo dos dois mundos: o material e o espiritual; o símbolo da dualidade na ação: o guerreiro mais ativo (exotérico – exterior) e o monge mais passivo (esotérico – interior); o símbolo de duas religiões: a cavalaria cristã e a cavalaria muçulmana servindo o mesmo ideal tradicional, representado pela montada comum; duas religiões que se unem para originar o império do Espírito, que na época constituía uma heresia; o símbolo da dupla missão templária: a missão pública que satisfazia a Igreja na defesa dos cristãos desprotegidos; e a missão «secreta», universal, separada da Igreja, e cuja finalidade, hoje, se desconhece nos seus contornos; o símbolo do duplo poder: a aliança a ser realizada entre a autoridade espiritual e o poder temporal; o símbolo de duas formas de vida: intelectual e prática; uma e outra têm necessariamente de trabalhar em conjunto (Ora e Labora) em prol de uma causa; o símbolo da dualidade interna do homem: a natureza inferior (o mal) e a natureza superior (o bem).” (pp. 115-116)

a pobreza inicial da milícia que obrigou dois cavaleiros a utilizarem a mesma montada, mas também a dupla natureza do Homem e da Ordem do Templo, por isso eram monges (interioridade) e guerreiros (ação externa). Como temos vindo a referir, os templários tinham uma faceta esotérica e outra exotérica que, naturalmente, estão relacionadas, dado que a exterioridade deve ser o reflexo da interioridade. Os cavaleiros do templo eram monges-guerreiros, tinham uma atividade religiosa, esotérica, e outra militar e política."[104]

Como tal, para além da sua função simbólica, o Selo Templário tem como outra vertente, fundamental, "conferir um determinado poder ao seu detentor, torna-o simultaneamente depositário de um segredo, em virtude da linguagem simbólica aí expressa. Quando se governa há que saber calar. É a lei que dita a responsabilidade daquele que conduz o destino de muitos. A outra face do poder é o silêncio, o segredo. O selo tem como propósito manter fechado e guardado algo precioso, à margem dos olhares indiscretos. Nos selos templários, a presença do «S» de *sigillum* testemunha esse fato"[105].

---

[103] - Sobre esta dupla missão, atente-se nas palavras de Michel Picar, em *Os Templários*, pág. 116: "a doutrina do monge-soldado corresponde a uma diligência da iniciação. Mística e iniciação são dois aspectos da mesma filosofia, que não devem ser confundidos nem confrontados. Descrevem dois comportamentos, cuja imagem se destina a unir o seu ao divino. O homem místico encontra-se em baixo e, com as suas preces, chama a divindade que está no alto. Esta desce e eleva a sua consciência. É a iluminação! Depois deste estado de graça, o místico torna-se igual a si próprio, a sua consciência é-lhe restituída intacta, tal como era antes da prece. (...) Por definição, a aquisição dos iniciados é irreversível, enquanto a experiência mística é uma sucessão de apogeus. Para os Templários, a iluminação pontual, repetida, não é suficiente pois não é utilizável. A diligência da iniciação seria vã se o misticismo estivesse ausente: subir, elevar-se, mas para quem? Da mesma forma a ordem do Templo conjuga o misticismo e a iniciação para atingir a sabedoria, a Verdade universal."

[104] - Paulo Alexandre Loução, *Os Templários na Formação de Portugal*, pág. 113.

[105] - Obra citada de Eduardo Amarante, pág. 110.

V) A importância dos números

É um fato insofismável que os Templários, numa perspectiva de *arquitectos universais*, tiveram particular carinho pelos números, fundamentais para que as medidas e proporções fossem correctas. Como tal, convém esclarecer o que é, na realidade, a numerologia – "explicação dos mistérios e enigmas por meio do simbolismo mítico dos números. Segundo os seus estudiosos, os números têm um valor absoluto e universal. Trata-se de uma aplicação do princípio pitagórico «tudo é número» a uma forma de raciocínio, segundo a qual cada número tem um significado simbólico. A partir de Aristóteles, a numerologia foi desacreditada, por carecer de um fundamento lógico. O significado secreto dos números, apesar de ter raízes na cabala hebraica, nos escritos sagrados e em outros documentos de carácter místico pode não ser absoluto e variar segundo os métodos, pessoas e situações em que são aplicados. Tem sido usada para se falar de número significativo, onde, por exemplo, se atribuem números a cada uma das letras dos nomes. Apesar de não ser universalmente aceite, a numerologia continua a ser aplicada pelos estudiosos, que se mantêm fiéis às propriedades simbólicos dos números."[106]

---

[106] - *Grande Dicionário da Língua Portuguesa,* Volume 14. Acrescentemos ainda o texto que surge na obra *História e Lenda dos Templários*: "Números mágicos? Pode-se tentar verificar essa hipótese analisando os números recorrentes na história da Ordem e lembrando como os números tiveram um significado cognitivo e metafísico fundamental, tanto na cabala judaica como na tradição islâmica e na exegese bíblica cristã dos dois *Testamentos*, além de, evidentemente, nos rituais mágicos. Um número fundamental é o sete. Era o número de degraus que levavam ao templo de Salomão, a respeito do qual conta-se que, ao ser consagrado, celebrou-se uma cerimônia que durou sete dias. (...) Parece ainda que os Templários pronunciavam sete votos, dos quais três comuns a todas as ordens monásticas (obediência, pobreza e castidade) e quatro específicos (observância das tradições da Ordem, compromisso com a conquista e defesa da Terra Santa, proteção e assistência aos peregrinos, promessa de não abandonar a Ordem por outro).", pp. 75-76.

E, na história templária, há muito que estudar, também no tocante a uma interpretação correta dos números[107].

Assim sendo, e aparte os números que mereceriam destaque, entendemos concentrar-nos em apenas dois (no sub-tema seguinte destacaremos o seis, no Signo ou Selo de Salomão), a saber: o cinco e o oito.

Quanto ao 5, reporta-nos para a estrela de cinco pontas, apelidada de David. "Simbolizam, por um lado, o *microcosmo*, o *homem celeste* (o quinto elemento) e por outro, quando a estrela está disposta com duas pontas para baixo, a *teurgia*, a ciência que maneja os poderes ocultos da natureza. As *cinco* chagas de Cristo não são mais do que o símbolo do homem celeste (crístico) preso na matéria (personalidade). (...) A estrela de cinco pontas é um símbolo muito esotérico."[108]

No que diz respeito ao 8, mais concretamente ao octógono, convém referir que "os templários tinham uma especial simpatia pelo octógono. (...) O octógono resulta da união entre o quadrado da terra e o quadrado do céu, simbolizando a comunicação entre ambos. No centro desta ligação emerge o «homem perfeito» de Pitágoras. No cristianismo, o oito é o número da ressurreição"[109].

---

107 - Algumas curiosidades sobre números são-no reveladas. "O número 19 corresponde à letra coph da cabala. Significa a luz (por isso que o 19 foi considerado um dos números mágicos solares dos Templários); kadosch (santo) em hebraico" (pp. 20-21) e "trinta (30) é um número importantíssimo para os Templários pois constitui a pedra básica da sua cosmoteoria. Exprime o auge final da evolução do mundo. O fim da grande obra da criação que se consegue através das sucessivas misturas dos séculos que provêm a inteligência divina (Deus) enquanto ela se manifesta no activo." (pág. 21). Ambas as citações são retiradas da obra *A Chave Esotérica do Simbolismo Templário*, da autoria de André Jean Paraschi.

108 - *Os Templários na Formação de Portugal*, Paulo Alexandre Loução, pág. 210.

109 - Idem, pp. 217-220.

VI) Selo de Salomão[110]

Este famoso emblema, um antigo e poderoso símbolo mágico, consiste num hexagrama, em que dois triângulos se entrelaçam, numa união que se pretende representar a própria alma humana. Utilizado, atualmente, como protector ante o demônio, sabe-se que foi particularmente atraente para os cavaleiros da Ordem do Templo, quer na Terra Santa, quer em Portugal.

> "A união de um triângulo voltado para cima (arquétipos universais) com outro triângulo voltado para baixo (manifestação dessas Idéias), perfazendo uma estrela hexagonal de seis pontas, é o símbolo do *Macrocosmos*. Na medida em que se relaciona com as seis direções do espaço (norte, sul, oriente, ocidente, zênite e nadir), lembra o monograma de Cristo. O duplo triângulo entrelaçado chamado «Selo de Salomão», que hoje marca presença na bandeira israelita, é um símbolo que chegou à Europa vindo da Ásia Menor, mas já antes era utilizado na Índia como talismã contra o mal. Os hindus chamam-no «Signo de Vishnu». A ermida templária de Santa Catarina, construída nos arredores de Monsaraz, tem planta hexagonal, figura geométrica que emparelha com o «Selo de Salomão» ou «Signo de Vishnu». Tradições herméticas relacionam esta estrela de seis pontas com os sete

---

[110] - "Salomão: filho de David e Betsabé, terceiro Rei de Israel (974-937 a.C.). Celebrou uma aliança com o Egipto, desposando a filha do Faraó, elegeu a sabedoria como apoio do seu trono e executou o projeto do seu pai: a construção de um templo. No entanto, a sabedoria que tanta fama lhe deu foi a de sentido comum, juntando-se-lhe a de comerciante, estadista e guerreiro. (...) Armazenou riquezas fabulosas. (...) A fama da sua sabedoria cresceu depois de morto, de tal modo que os maometanos disputaram aos judeus a admiração pelo rei dos sábios.", *Grande Enciclopédia Universal*, Vol. 18. Em 1874, na Etiópia, foi instituída pelo imperador João a Ordem do Selo de Salomão. Ainda relacionado com Salomão, atente-se nas palavras descritivas do seu famoso Templo, o que originou o termo atual que conhecemos à Ordem militar e religiosa estudada na presente obra: "O Templo de Salomão, segundo Fílon e Flávio Josefo, figurava o cosmo e o seu interior encontrava-se disposto de acordo com essa significação: o altar dos perfumes significava a ação de graças; o candelabro dos sete braços, os sete céus planetários; a mesa, a ordem terrestre. Sobre esta, os doze pães correspondiam aos doze meses do ano.", *Dicionário de Símbolos*, Juan Eduardo Chirlot, pág. 356.

metais base e os sete planetas astrológicos: Prata-Lua, cobre-Vênus, mercúrio-Mercúrio, chumbo-Saturno, estanho-Júpiter, ferro-Marte dispõem-se junto às seis pontas, no centro, o ouro-Sol. Tivemos oportunidade de observar uma moeda do tempo de D. Afonso Henriques (catalogada por Alberto Gomes) encontrada em Vila Maior, que num dos lados tem o «Selo de Salomão» com um círculo no centro, ou seja, o Sol-central que transforma este símbolo num septenário."[111]

Em Portugal, é, ainda, muito utilizado, sobretudo em certas zonas do país, essencialmente como talismã. Crê-se que bruxas e o próprio demônio são afastadas com a utilização deste Signo de Salomão[112] e muitos as colocam nos bebês com a intenção de afastar eventuais «maus-olhados». Subsistem, igualmente, vários exemplares afixados em sepulturas, em portas e chaminés, numa tentativa pagã de proteção ante o temido belzebu.

VII) Cruz Templária

Este é, naturalmente, o símbolo mais facilmente identificável, de todos os que se relacionam com os Templários. Convém não esquecer de fazer uma distinção com a Cruz de Cristo, igualmente referenciada nesta obra, cujos braços são direitos. "A cruz templária é formada por quatro entradas

---

[111] - *Os Templários na Formação de Portugal*, Paulo Alexandre Loução, pág. 214.

[112] - Ainda sobre Salomão, não gostaríamos de deixar passar a oportunidade de citar Margaret Starbird, na sua obra atrás referenciada, sobre o Templo de Salomão: "«Alguém se lembra da antiga glória desta casa?» pergunta o profeta hebreu Haggai. A data é 520 a.C. e o Templo de Salomão, no monte Sião, está em ruínas. (...) A palavra de Deus, para Haggai, diz que o Templo deve ser reconstruído e que as bênçãos regressarão quando as fundações do Templo estiverem acabadas – não depois de o Templo estar reconstruído, *antes*! Quando empreendermos a reconstrução do verdadeiro Templo – o equilíbrio sagrado e portador de vida da energia do macho e da fêmea presentes no cosmos e o simbolismo que representa o composto da sabedoria da antiguidade – as bênçãos regressarão como um rio suave às terras secas da Terra. Como diz a profecia de Isaías, o deserto florescerá. A paz universal e o bem-estar serão restaurados quando a imagem do Templo estiver presente nas nossas consciências.", pp. 180-181.

de luz, quatro setas que apontam o centro, o lugar do N de nume romano de nazareno cristão; a casa hermética, a casa de Deus, o lugar, o Santíssimo do Tabernáculo, a nova Jerusalém. Esta simbologia resultou no sacrário atual."[113] Podemos ainda acrescentar que "a cruz templária contém os 4 elementos, como a tradicional, os 4 evangelistas, as 4 grandes virtudes, as 4 estações, as 4 letras do grande nome: Iod Hé Vav Hé, e a disposição de forças construtivas em um ponto central, com seus 4 triângulos nos cimos convergentes. Sua cor, vermelho e gaulês, é a cor do fogo e da ação, tanto nas doutrinas herméticas ocidentais como nas muçulmanas"[114].

A Cruz Templária possui quatro sentidos, naturalmente as quatro direções primárias (norte, sul, este e oeste), o que pretende significar o ponto central do universo, a sua vocação exteriorizada. A cor vermelha simboliza o sangue, numa união com o corpo de Cristo, que nos poderá remeter para a taça do Graal. É curioso como o vermelho aposto nas imaculadas vestes brancas remete-nos, de forma instantânea, ao imaginário templário. Quiçá esta união entre ambas as cores promova a noção do sangue derramado em prol de um ideal superior, o mais nobre jamais visto na história do mundo. Uma outra possível ligação era a de o vermelho representar o Sol (fogo, calor, intensidade) e o branco a Lua (alva, passiva, intocável) – numa união mítica que, tivemos ocasião de esclarecer em obra anterior, jamais poderá concretizar-se, dado o fato de ambos estarem condenados a desencontro eterno.

---

[113] - *O Tesouro Templário de Portugal*, Patrício Cristóvão, pág. 16. Ainda relacionado a Cruz Templária com Portugal, é interessante tomar nota das palavras de S. Franclim, no seu *O Sonho do Portugal Templário*, pág. 41: "Pairando sobre si, está a cruz do Templo, a cruz de um propósito único, que a história positivista não conseguiu diluir da razão teleológica – que é Portugal a contemplar o passado para que a luz do futuro seja perfeita na compreensão de tudo e em todos os heróis portugueses."

[114] - *Os Templários*, Juan de Garten ,pág. 85.

O mais curioso, como tivemos oportunidade de visualizar *in situ*, é que esta Cruz[115] Orbicular (assim denominada por um célebre historiador português – Almeida Garrett) era já conhecida em Portugal mais de cinco séculos antes da criação da Ordem do Templo, em Jerusalém. A sua origem, então, seria oriental, essencialmente dos primitivos cristãos, os quais, por influência das rotas fenícias, e da própria expansão da religião, teriam chegado ao norte africano e, em consequência, a Portugal. Esta cruz seria utilizada, estamos em crer, como símbolo protetor dos templos de adoração, fenômeno que os Templários teriam aproveitado para, utilizando-se em suas próprias vestes, se protegerem a si mesmos.

VIII) Graal

Um dos mais intrigantes mistérios que se crê conectado aos Templários é efetivamente o Graal[116] (ou Santo Graal, ou *Sangraal* – Sangue Real).

---

[115] - "A cruz dos templários era a cruz latino-cristã reconhecida pelo Sínodo de Constantinopla em 681 d.C. Esta cruz é por todos conhecida (...) A Ordem templária aproveitou os ensinamentos da tradição cristã, ajustando-os com novas matizes cristãs e não cristãs que então proliferavam na época. A cruz templária não foge à regra. Senão vejamos: 1. Em primeiro lugar temos o círculo (representação da Divindade Absoluta (o Inominado): Deus); 2. Depois encontramos o ponto central desse círculo que representa o princípio da manifestação; 3. Traça-se uma primeira linha na vertical, símbolo do Espírito; 4. E uma outra linha na horizontal, símbolo da Matéria. Do encontro do eixo vertical com o horizontal surge a cruz que define simultaneamente os quatros pontos cardeais (encontro das linhas com a circunferência) e os quatro elementos que compõem a Natureza. A cruz templária constrói-se precisamente nesses pontos extremos de contato da cruz com a circunferência e, desenhando um semicírculo a partir de cada um desses quatro pontos, fazendo uma tangente ao ponto central da circunferência, obtém-se a figura geométrica do símbolo. A sua significação, porém, é dupla, pois é dupla a forma como é visualizado: no seu aspecto negativo parece-nos ver quatro pétalas de uma flor; e, no seu aspecto positivo, a forma da cruz arredondada.", Eduardo Amarante, *Templários, de Milícia Cristã a Sociedade Secreta*, pp. 93-94.

[116] - Aventamos um artigo sobre este tema, disponível em *www.brumas.org*. O mesmo intitula-se "Livros polêmicos!".

Por isso, em seguida, iremos incluir um capítulo a que denominámos "em busca do Graal". Muita tinta tem sido utilizada para tentar encontrar a melhor forma de esclarecer a sociedade daquilo que, exatamente, significa o termo *Graal*. Não seremos nós, naturalmente, a querer ter a certeza de algo que mais ninguém possui. Nunca foi esse o nosso apanágio e, tendo em conta o interesse de uma dimensão tão grande de pessoas neste tema, achamos que o respeito é fundamental. Por isso, entendemos que, acima de tudo, deveríamos, nesta matéria, fornecer o máximo de *ferramentas* possível para que o leitor consiga fazer a sua própria *construção* mental.

Sendo assim, o que iremos fazer é deixar as possibilidades todas em aberto, ao encargo de duas obras de reconhecido mérito.

> "Nas diversas versões da lenda, o Santo Graal tem sido representado como uma taça ou cálice, uma relíquia contendo o sangue de Cristo, uma travessa de prata, um caldeirão de abundância, uma pedra do céu, um prato, um peixe, uma pomba, uma espada, uma lança, um livro secreto, maná do céu, uma cabeça decapitada, uma ofuscante luz branca, uma mesa, e muitas outras coisas para além destas. A demanda, não apenas para compreender o Graal, mas também para o encontrar, está presente há mais de 1000 anos na história, e está profundamente enraizada na psique do homem moderno. O Graal tem sido apresentado de muitas formas possíveis desde tempo medievais até à atualidade, e a demanda deste tem cativo o fascínio de muitos."[117]

> "O Graal pode ser considerado um objecto misterioso, um verdadeiro tesouro, um verdadeiro tesouro que existe algures, nalguma caverna, mas contém sempre a idéia implícita que simboliza algo de inefável, que ultrapassa a vida de todos os dias. Esta aura de demanda espiritual surgiu não só das lendas originais do Graal mas também da cultura em que elas floresceram."[118]

---

117 - Simon Cox, *O Código Da Vinci Descodificado*, pp. 159-160.

118 - *O Segredo dos Templários*, Lynn Picknett e Clive Prince, pág. 122.

Não pretendendo alongar-nos, muito mais, em relação a estes assuntos, eis que chegamos, finalmente, a algo que chamaremos "conclusão em aberto", visto que dependerá de todo e de cada um. Pensamos que, acima de tudo, tratando-se de material polêmico e extremamente controverso é, como tudo, motivo de discórdia e de teorias contrárias. Talvez por isso, jamais chegaremos a um consenso sobre nenhuma destas matérias. Talvez, inclusive, exista alguém que, realmente, saiba as respostas às questões que a maioria de nós debate mas que, por alguma razão extraordinária, as não deite ao sabor do vento.

Finalmente, se nos é permitido, e como sempre temos afirmado – desde o primeiro momento em que nos iniciamos pelos caminhos desta matéria – a verdade é que tudo isto transforma o assunto em estudo extremamente interessante, em motivo de muita literatura, enfim, se não se tratasse de algo realmente importante, não mais lhe fariam que ignorar. Como todos sentimos vontade de saber as respostas é porque, de fato, é insofismável afirmar que é algo transcendental que nos pertence a todos e, por assim dizer, não pertence a ninguém em particular.

IX) Cuspir na Cruz / Renegar a Cristo

Esta situação, a acusação de renegar a Cristo cuspindo na cruz, tornou os Templários, aos olhos da sociedade, perfeitamente maquiavélicos. E tão grave se torna o ato que, muito provavelmente, terá sido o meio mais rápido para que a Inquisição chegasse a uma deliberação consensual. Convém, no entanto, examinar esta questão sob outra perspectiva. A cruz terá uma outra interpretação – no seu lado negativo, representa o local onde Jesus Cristo foi morto. E isso teria, aparentemente, alguma influência no caso dos Templários – isto atendendo à teoria que defende como verdadeiro o ato de cuspir na cruz. Alguns cavaleiros da Ordem, como Gérard de Ridefort, seguido por Thomas Bérard foram acusados de instaurar essa prática, ao passo que outro membro, de nome Geoffroy de Charnay confessou tê-lo feito, a pedido de Amaury Roche. Segundo Geoffroy, ter-lhe-ia sido dito que aquela imagem representava um falso profeta e não o verdadeiro Deus.

É um fato, aventado por Louis Charpentier e corroborada por Edmund Szekely, que haveria uma possibilidade de existir, algures nas Escrituras, uma referência a um guerrilheiro e a um mestre, ambos identificados como Jesus. Nesta perspectiva, o guerrilheiro seria o mais velho, filho de José, enquanto que o mestre seria um essênio, supliciado, mas não morto. Enfim, um grande imbróglio que coloca igualmente em dúvida a existência de alguma cidade registrada, até à Idade Média, com o nome de Nazareth. Em suma, pretendiam os autores convencer que tudo não passara de um embuste da Igreja.

Também se sabe que apenas no século V foi admitida a imagem de um Jesus crucificado, mas com uma ressalva: a cruz de madeira é matéria, diferente do espírito, pelo que, apodrecendo a madeira, permanece o espírito. Na atitude dos Templários para com essa situação, a sua regra refere que não é a forma, mas sim a essência, que deve ser reverenciada na cruz.

> "A questão da negação da cruz, peça principal de toda a acusação, sempre intrigou os pesquisadores que muito escreveram a esse respeito (...) Na realidade, a negação constituía o testemunho de que, em relação à personalidade de Jesus, o ensinamento da Ordem do Templo se distinguia do da Igreja. Significava que o Templo rejeitava o caráter divino de Jesus e dissociava-o de Cristo, personagens que a Igreja havia unificado em uma só pessoa. Esse conceito é essencialmente gnóstico; ou o divino Verbo de Luz chamado Cristo havia encarnado em Jesus e, neste caso, não teria sido Jesus crucificado e sim Simão de Cirene, colocado na cruz em seu lugar, ou então a entidade chamada Cristo havia se incorporado a Jesus desde o momento de seu batismo até a Paixão, quando então o teria abandonado, tendo sido apenas a criatura de carne, o filho do carpinteiro, a sofrer e perecer na cruz.
>
> (...) A Ordem do Templo havia feito descobertas que levaram-na a

ver Jesus sob uma nova luz. Através de contatos com iniciados de todas as origens, a Ordem obteve principalmente a revelação da Gnose, doutrina cuja essência constituía a busca do conhecimento transcendente através da Iluminação. Tais iniciados foram os herdeiros de um corpo de crenças originárias da Ásia que no século I, em contato com o helenismo e judaísmo, cristalizaram-se produzindo o que atualmente designamos pelo nome de misticismo. Ora, aos olhos do cristão do século XIV, acostumado a considerar que fora da Igreja não havia salvação e a crer que toda e qualquer opinião discordante do dogma oficial era necessariamente falsa e repreensível, a Ordem do Templo, ao rejeitar a natureza divina de Jesus, incorria em heresia. A acusação levantada, portanto, encontrava-se plenamente justificada na visão dos teólogos da época."[119]

De fato, parece-nos uma teia bem urdida no sentido de incriminar os cavaleiros templários. Das obras consultadas e dos depoimentos dos cavaleiros perante a acusação, muitas possibilidades são levantadas. Fala-se da passagem ideológica da Ordem do Templo para o islamismo, daí a rejeição de Cristo. Aborda-se a teoria de um círculo secreto, dentro da própria Ordem, ao qual os convidados teriam de cumprir certos rituais, entre eles o de renegar a cruz e a Cristo. Dizia Gaucerant de Montpezat: *temos três artigos* (na Regra) *que ninguém conhecerá jamais, excepto Deus, o diabo e os mestres*. Uma outra possibilidade, ressalva que "deve-se pensar, contudo, que não se tratava de uma verdadeira abjuração, ainda menos de blasfêmia, mas sim de uma espécie de prova: devia testemunhar-se a faculdade de ultrapassar uma forma exotérica, simplesmente religiosa e devocional do culto" a Cristo, pelo que não se devia "acreditar no crucifixo, mas sim no Senhor que está no Paraíso; ensinava-se-lhe que Jesus tinha sido um falso

[119] - *A Ordem do Templo e seu Ressurgimento*, pp. 58-59.

profeta, não uma figura divina que se tinha sacrificado para resgatar os pecados dos homens, mas um homem qualquer, morto por causa dos seus próprios erros"[120].

No cômputo geral, e apesar de, em França, 123 cavaleiros terem confessado tais práticas, não houve ainda uma resposta cabal para as perguntas que se levantam com o hipotética renegar da cruz e de Cristo. Não queríamos deixar, no entanto, de registrar esta singela explicação, retirada de um diálogo entre Templários, sobre o renegar a Cristo: *É uma prova para ver se cederias aos muçulmanos no caso de, caindo nas suas mãos, teres de escolher entre abjurar e morrer.*

X) Arca da Aliança

Como é de comum acordo, a célebre Arca da Aliança[121] "trata-se de um recipiente com dupla forração de ouro, fechado com uma lousa de ouro maciço (como os recipientes para guardar material radioativo), duas

---

[120] - *O Mistério do Graal e a Ideia Imperial Gibelina*, Julius Evola. Transcrição feita de *b-a-ba Templários*, de Bernard Marillier, pág. 64.

[121] - Tendo em conta que, na presente obra, já abordamos alguns aspectos relacionados com a Arca da Aliança, convém, no entanto, deixar a versão bíblica, na descrição da mesma: "Beçabel construiu a arca em madeira de acácia. O seu comprimento era de dois côvados e meio, a largura de um côvado e meio. Cobriu-a com ouro puro por dentro e por fora, e colocou-lhe em volta uma cornija de ouro. Fundiu, para a arca, quatro argolas de ouro que prendeu nos quatro cantos: duas argolas de um lado e duas argolas do outro. Construiu barras em madeira de acácia e cobriu-as de ouro. Depois introduziu as barras nas argolas fixadas sobre os lados da arca para a arca ser transportada. Fez um propiciatório em ouro puro, com dois côvados e meio de comprimento e um côvado e meio de largura. Fez dois querubins de ouro batido, e fê-lo nas duas extremidades do propiciatório: um querubim numa extremidade e outro querubim na outra extremidade, fazendo com que os querubins e o propiciatório fossem um só corpo, nas suas duas extremidades. Os querubins tinham as asas abertas por cima do propiciatório, protegendo-o com as suas asas, frente a frente; as faces dos querubins estavam voltadas de frente para o propiciatório.", *A Misteriosa Ordem Templária*, Run Futthark, pp. 133-134.

capas de lona e uma de couro, para que não morram os portadores"[122]. Tratar-se-ia de algo extremamente poderoso, que alguns vislumbram como trazido por extraterrestres, mas que a grande maioria crê ter sido colocada no Templo de Salomão por mão divina, contendo ensinamentos de tal maneira avançados que, os seus conhecedores, tornar-se-iam, facilmente, dominantes sobre todos os outros.

De acordo com o mesmo autor, atrás citado, "a Bíblia explicita o «perigo de morte» para todos aqueles que tocassem na arca com suas mãos ou se aproximassem excessivamente dela; assim ocorre em diversos casos que narram as Sagradas Escrituras durante o traslado da arca pelo deserto, ou quanto esta é roubada pelos filisteus que, depois de comprovar na sua própria carne o perigo de possuir semelhante objeto, o devolvem aos judeus espantados com o poder de Jeová que, a partir de então, ganha fama de *Deus Tremendae Majestatis*"[123].

Atualmente, mais do que duvidar da sua existência, a grande corrente de investigação criada cinge-se à tentativa de decifrar se, de fato, foram os Templários que a encontraram e se a mesma foi trazida para Ocidente. Inclusive, uma representação na Catedral de Chartres parece apontar nesse sentido. Mas, naturalmente, uma inscrição nas paredes desse local de culto religioso não significa que, na realidade, a Arca da Aliança tenha vindo para a Europa.

Já abordamos, nesta obra, a teoria de Louis Charpentier, que dedicou parte da sua vida ao estudo desta questão. Segundo ele, os Templários descobriram-na, efetivamente, no Templo de Salomão e, a juntar a tudo isto, entre 1104 e 1108, Hugues de Champagne e Hugues de Payen terão conseguido descobrir os documentos no seu interior. Então, ter-se-á criado

---

[122] - *Os Templários*, Fernando D. Celaya, pág. 112.

[123] Idem, pág. 112.

uma espécie de grupo secreto, no interior da Ordem do Templo, apenas com a finalidade de descodificar os textos dos documentos da Arca da Aliança e com o propósito de os estudar de forma a aproveitar os seus sábios ensinamentos.

(Ver texto pág. 98) "O bode tem seios femininos... Em sua fronte, entre os chifres e abaixo da tocha, está o sinal do microcosmo, ou o pentáculo com uma ponta na ascendente."

9. A procura do Santo Graal (uma aventura pessoal)

«O Graal (etimologicamente o termo remete à imagem de um recipiente) é talvez o símbolo mais poderoso da espiritualidade mística medieval. (...) Não é somente a relíquia em si que está relacionada com os Templários, mas o seu significado simbólico, pelo qual está ligada à idéia de um despertador espiritual e à busca da perfeição interior.»

História e Lenda dos Templários

Cerca de nove séculos depois das Cruzadas, aventuramo-nos em, uma vez mais, tentar reescrever a história e, como tal, entendemos que o Graal deveria ser o nosso ponto de partida. Acreditamos que, acima de tudo, a presente obra seria o ideal para, de uma maneira sucinta, dar a conhecer os nossos estudos iniciais. Todos ambicionamos, de uma maneira ou de outra, encontrar o Santo Graal, em desvendá-lo ao mundo. Mas, será que nesta busca estaremos a fazê-lo por nós ou para nós? Será esse o verdadeiro motivo pelo qual tantos falharam em encontrá-lo? Será esse o erro maior: crer, a nós mesmos, que o fazemos pelos outros quando, efetivamente, o queremos fazer em proveito próprio? Pois, como todos sabemos, apenas o herói, puro de coração, poderá encontrá-lo e usufruir das suas virtudes. Enfim, este é um capítulo simplificado de mais uma busca do Santo Graal, desta feita sem a idéia de o encontrar fisicamente, mas, pura e simplesmente, de o entender. Acompanhe-nos, então, nesta viagem através das palavras.

Começamos esta procura através de um meio audiovisual, um vídeo chamado "*Tesouros Perdidos: O Santo Graal*", que se revelou, por assim dizer, uma grande frustração. Julgámos encontrar respostas, mas apenas ficamos com mais perguntas. Sob a direção de Graham Townsley, e com a respeitável chancela da "National Geographic", o título motivou-nos. Mas a sua visualização foi uma desilusão. Vê-lo, no entanto, não deixa de ser interessante. O que podemos dizer dele é que...

Dá-nos, no entanto, uma visão diferente da busca do Graal, através da bipolarização do conteúdo: primeiro, em Ricardo, Coração de Leão e, posteriormente, em Otto Rahn. Sobre o segundo, trata-se de um escritor alemão que, vítima da sua própria personalidade e do clima social da época (década de 30, do século XX), se viu envolvido em buscas, por França, em antigo território cátaro, do Graal. Escreveu o seu livro *Cruzada contra o Graal*, sem grande sucesso, que, no entanto, o coloca perante Heinrich Himmler, líder das SS alemãs, o qual lhe dá emprego como pesquisador oficial do Graal. Ao fim de algum tempo, o jovem escritor, que, naturalmente, o fazia mais por necessidades econômicas, vê-se prejudicado na saúde mental por todo envolvimento com o regime e acaba por suicidar-se.

Na outra versão, fala-se de Ricardo I, o célebre monarca marcado por ser o rosto das Cruzadas. No século XII, uma história mágica começou a ser contada, principalmente, pelos Trovadores, e transmitida oralmente. Esse romance falava de cavalaria e aventura. Nessa narrativa, o jovem Parsifal procurava, incessantemente, um objeto divino que curaria doenças e que recolocaria ordem no seu próprio mundo, desde que conseguissem penetrar nos seus segredos. Inicialmente, fala-se de uma "pedra de luz" para, mais tarde, nascer a ideia do cálice sagrado que carrega o sangue do Santo Cristo. Era um objeto místico, a transbordar de poder a quem o possuísse, uma espécie de grande enigma.

Conta-se nela também a biografia de Ricardo, um jovem mais ligado à mãe, filho de França e sem grande interesse pela Inglaterra, nação da qual haveria de ser o líder absoluto. Apesar das suas virtudes de combatente, o jovem, que foi educado pela mãe na crença da Cavalaria, tinha os seus pontos fracos, tais como a atração pelo sexo feminino. Mortificado pela idéia do pecado, Ricardo auto-flagelava-se, procurando obter redenção dos seus pecados. A disputa com o pai, Henrique de Inglaterra, na qual este último vem a soçobrar, leva o jovem praticamente à loucura. As Cruzadas são o meio perfeito de eliminar a sua tristeza e, naturalmente, a forma que imagina como expiação dos seus pecados, algo em que se fixa profundamente.

Em 1187, as Cruzadas tinham como principal motivação, de acordo com este audiovisual, recuperar o Santo Sepulcro (o local onde Jesus estivera, antes da ressurreição) e um pedaço da Cruz onde fora crucificado. Estas Cruzadas representariam a absolvição de todos os pecados dos cavaleiros nelas envolvidos, visto que combater e morrer em nome de Deus era santificável. Porém, a terceira Cruzada falha redondamente em seus objetivos e Ricardo sente-se à beira do abismo.

Porém, tal como o jovem Parsifal que, no final da sua vida, encontra o eremita que lhe permite redimir-se da sua falha anterior, o monarca encontra-se com um eremita do Médio Oriente, que lhe informa que o falhanço na recuperação de Jerusalém não fora devido à sua incapacidade, mas ao fato de o momento certo não ter ainda chegado. Por outro lado, dá-lhe um pedaço de madeira, que diz ser da Cruz de Cristo. Ricardo rejubila e encontra a paz eterna pouco tempo depois, não sem antes ter escrito aos seus principais adversários solicitando-lhes perdão pelos confrontos. Ricardo, Coração de Leão, descansa em paz, acreditando que tenha encontrado o seu próprio Graal. Esta é, igualmente, a época do Parzival de Wolfram von Eschenbach, na qual o Graal seria uma forma de todos os povos conviverem de uma forma sadia, unindo cristãos e muçulmanos, tal como Parsifal procuraria o seu irmão muçulmano. Era um hino à tolerância, numa época pouco interessada nisso.

No entanto, a visualização deste vídeo despertou-nos para uma outra realidade: a obra de Chrétien de Troyes, que inspirou a vida de Ricardo Coração de Leão. Esse, o primeiro poeta nacional de França, relata com mestria um tema, ao mesmo tempo, cortês e cavalheiresco. Decidimos lê-lo com atenção, em *Lancelote, o Cavaleiro da Carroça*. Infelizmente, a obra está inacabada. Terminamos como tínhamos começado – com a sensação de haver sempre algo mais que ninguém nos dizia.

De acordo com a tradutora da obra para português, Maria de Santa-Cruz, "como acontece com a maior parte dos escritores da Idade Média, pouco se sabe ao certo da vida de Chrétien de Troyes", mas que "nasceu em Troyes, provavelmente, na famosa região de Champagne, por volta de 1135, e morreu na Flandres antes de 1190. Dele se conhecem sete romances, seis dos quais se referem à lenda do rei Artur e seus cavaleiros da Távola Redonda, lenda originária da Grã-Bretanha". (pág. 9) Mais à frente, refere-se ainda que "segundo a lenda, o rei Artur teria sucedido ao seu pai, Vterpandragom (...) Na sua corte existiria a famosa Távola Redonda, maravilhosa Mesa dos Festins, em redor da qual se reuniam os cavaleiros da sua confiança antes da partida para a aventura ou depois do reencontro dos seus pares, damas e donzelas. Mesa em que cada cavaleiro se transformava num contador de histórias ao relatar as suas aventuras ou fábulas. Há quem a tome por Mesa Mística, corpo universal, incompleto enquanto não tivesse no centro a Alma do Santo Graal, herdeira da Mesa platonista – circular como o mundo e o firmamento – e da Mesa da Última Ceia cristã. À sua volta se reúne a irmandade, uma família ou elite vinda de todos os pontos do mundo cristão e pagão. Rara e parcamente descrita pelos poemas que divulgaram a lenda, foi-se arquitetando como um dos principais símbolos da Demanda, mesa que roda, mesa falante, de encantamento, talvez em comunicação com um outro universo. «Feita de pedra que fala», como rezava a tradição céltica." (pp. 10-11)

Temos assim, como tal, uma outra ligação do Graal à mitologia céltica, algo que, atualmente, tem rendido bons proventos a muitos autores. Por último, na referência a este autor, sabe-se que "nas traduções da «Demanda do Graal» dominava o sentido religioso, transformando-se as personagens apenas em modelos de virtude e, sobretudo, de castidade", pelo que esta obra é a única "que ousa fabular sobre a demanda do Amor – o Amor em ação e ação por Amor – e os prazeres amorosos" (pp. 12-13).

A nossa demanda do Graal prosseguia, então, a bom ritmo. Experimentamos, novamente, a ficção, com o *Código Da Vinci* (do qual falaremos adiante) e o ensaio misturado com a ficção, em *Maria Madalena e o Santo Graal* (igualmente referido a seguir). Apesar da escrita ser mais ou menos apelativa, ambos terminavam com poucas respostas. Como veremos, o epílogo do "Código Da Vinci" foi uma perfeita desilusão para nós, ao passo que a autora de "Maria Madalena e o Santo Graal" opta por uma escrita demasiado cerrada e indecisa. Até porque, em ambos, o Graal seria Maria Madalena, a portadora do sangue real de Cristo – quiçá por, supostamente, ter tido relações sexuais com Jesus, legando ao futuro a continuação da sua linhagem.

Mas, apesar de começarmos a entender que, acima de tudo, a idéia dos autores passaria sempre por utilizar uma boa estratégia comercial para vender a sua idéia e produto, o certo é que rondavam todos a mesma área – a do Graal ser um objeto (ou pessoa, em uma ótica mais moderna) de grande valor, pela sua ligação intrínseca a Cristo. Todos pretendem descobrir o que significa o Graal mas, infelizmente, até hoje todos andamos um pouco à deriva, ao sabor da mente de este ou daquele autor ou investigador. Parece que estamos eternamente condenados a procurar na direcção que alguém nos diz que devemos pesquisar.

Foi neste momento que entendemos ter chegado a hora de alguém dar as bases que permitissem a cada um, de maneira individual, chegar às suas próprias conclusões sobre o que é, ou foi, efetivamente aquilo que denominamos como o Santo Graal. E partimos novamente à procura...

É então que, num documento em língua inglesa, somos conduzidos a uma outra hipótese – a do Santo Graal poder ser, nem mais nem menos, que a célebre "Pedra do Destino". Supostamente, esta pedra seria a antiga pedra do pilar que Jacob dedicara a Deus, representando a Casa de David.

Em princípio, a "Pedra do Destino" teria sido trazido para a Irlanda, e posteriormente para a Escócia e Inglaterra, por Ezequiel e as suas duas filhas. Seria ele o guardião primeiro de algo tão fantástico que, nas suas próprias palavras, na Bíblia, refere que "Uma ruína, uma ruína, uma ruína a farei. Também, quanto a esta, certamente não virá a ser de (ninguém), até que venha aquele que tem o direito legal, e a ele é que terei de dá-lo." (Ezequiel, 21:27).

Esta possibilidade é corroborada em *Bloodline of the Holy Grail*, da autoria de Laurence Gardiner, em que este escreve, a dado momento, que "não apenas os Cavaleiros Templários e do Graal foram designados Guardiães do «Sangreal de Stewart» (Santo Graal), como também se tornaram protetores da Pedra do Destino (a «Stone of Scone»)."

E é aqui que voltamos a *Parsifal* de Wolfram von Eschenbach. Neste poema místico, o Graal é aparentemente identificado como a Pedra Filosofal, que tantos e bons trechos tem possibilitado ao longo dos tempos. Esta "pedra" seria, então, similar à outra "Pedro do destino" e teríamos uma hipotética ligação.

Sentimos necessidade de analisar outros autores de renome, da atualidade, no estudo dos Cavaleiros Templários. Infelizmente, Piers Paul Read, no seu *Os Templários*, apenas refere, ao de leve, sem grande intenção, o seguinte "Começando com as alegações esotéricas dos maçons, afirma-se que os Templários foram os guardiães do Santo Graal – que é por sua vez o cálice usado por Cristo na Última Ceia -, da linhagem de reis meronvígios descendentes da União de Cristo com Maria Madalena, ou simplesmente da relíquia mais preciosa dos Templários, o Sudário de Turim" (pág. 322).

Sentimo-nos desamparados. E, recorrendo às palavras do livro *O Sangue de Cristo e o Santo Graal,* da autoria de Michael Baigent, Richard Leigh e Henry Lincoln, citamos: "O que nos estaria a passar despercebido? Ou, talvez, o que estaríamos a procurar no lugar errado? Haveria alguma peça que sempre estivera debaixo do nosso nariz – e na qual, por uma razão ou outra, não tínhamos reparado? Tanto quanto conseguíamos ver, não deixaramos passar nada, nenhum dado proveniente do acontecimento histórico aceite. Mas seria possível que houvesse outra coisa – algo que estivesse para além dos limites da história documentada, a cujos fatos concretos estávamos a tentar limitar-nos? Sem dúvida que existia um tema, reconhecidamente fabuloso, que surgira repetidamente ao longo da nossa investigação, com uma consistência intrigante e insistente. Era o misterioso objeto conhecido por Santo Graal. Os contemporâneos dos cátaros, por exemplo, acreditavam que estes detinham a posse do Graal. Também os templários eram muitas vezes encarados como guardiães do Graal; e os romances do Graal eram originalmente provenientes da corte do conde de Champagne, que estava intimamente associada com a fundação da Ordem do Templo. Além do mais, quando a Ordem do Templo foi extinta, as bizarras cabeças que os templários adoravam gozavam (sic), segundo os registos oficiais da Inquisição, de muitos dos atributos tradicionalmente atribuídos ao Graal – fornecer sustento, por exemplo, e conferir fertilidade à terra." (pág. 337)

Ora, então, tínhamos alcançado algo de muito interessante – não éramos apenas nós a sentir que a demanda do Graal era bem mais complicada do que aquilo que à partida seria de esperar, porque, aparentemente, muito havia sido escrito sobre o tema e, como tal, era correto acreditar que as perguntas haviam sido todas respondidas. Mas, quanto mais perguntas fazíamos, mais nos surgiam. Seriam os Templários os verdadeiros guardiães do Graal? Sentimo-nos inclinados a acreditar nesta forte possibilidade. Que outra razão estaria presente na criação de uma Ordem militar e religiosa em Jerusalém, no local do antigo Templo de Salomão, composta por apenas nove cavaleiros. O que iriam nove cavaleiros defender, a não ser o conhecimento?

Esta verdade insofismável era ponto assente em mais de noventa por cento das obras consultadas. Não queríamos acreditar que houve uma "corrente de pensamento", na qual a maioria flutuava. Tivemos o cuidado de analisar obras de autores reconhecidamente pró e contra a causa Templária. Por hoje em dia, tal como no tempo de Felipe, o Belo, é moda criticar ou acenar com a cabeça afirmativamente a tudo, desde que o tema seja apelativo aos demais.

Não ingressamos nos Estudos Templários por ser um tema da moda – aliás, na altura em que iniciamos a nossa primeira pesquisa, em finais da década de 90, era algo em que poucos tocavam, por o acharem ultrapassado e desinteressante. Em suma, naquele momento, os livros que se escreviam sobre a Ordem do Templo pura e simplesmente, não se vendiam. Mas, logo que, de alguma maneira, o tema passou a despertar as atenções de uma mais vasta platéia, pronto surgiram "fanáticos à la minute" e "contestatários de ocasião" – porque o tema dava notoriedade.

Temo-nos mantido sob a luz da serenidade. Conseguimos ir construindo, a pouco e pouco, um crédito de conhecimento, conquistado através de um deliberado afastamento dos holofotes da ribalta ou dos chamados, atualmente, locais de discussão templária. O estimado leitor irá deparar, com o tempo, com os "arautos da sua própria verdade", com quem se aproveita do que lhe interessa, apenas por na altura ser aliciante, para, mais tarde, o desprezar, como quem despe uma peça de roupa.

Por nos sentirmos acima de modismos passageiros, podemos afirmar, com alguma segurança, que o Santo Graal está, de fato, intimamente ligado aos Cavaleiros Templários – a questão que se coloca é, se existiram por ele ou para ele.

A nossa maneira de estar na vida, tal como na escrita, prende-se com a vontade acérrima em dar ao leitor a possibilidade de pensar por si mesmo e não de o encaminhar na direção que pretendemos. Tem sido assim desde o primeiro momento. Cremos piamente na ligação dos Templários ao Graal, e existem, de fato, justificações palpáveis nesse sentido. Sentimos que o Santo Graal está intimamente conotado com Jesus Cristo – nomeadamente através do seu sangue. Se, com isto, a habilidade nos levasse a digitar histórias mirabolantes baseadas nestes três pressupostos, pois facilmente depararíamos com novas teorias. No entanto, julgamos, até por respeito para com a inteligência do leitor, que todos podemos, com maior ou menos qualidade literária, inventar um texto ficcional sobre o Graal. O que não podemos é classificá-lo como um "ensaio histórico".

De aberrações literárias está o mundo cheio. Mas, felizmente, existem, igualmente, textos de grande qualidade, alguns deles esquecidos no fundo de prateleiras. Ao longo das edições da presente obra, iremos, sempre, procurar dar a conhecer o que de factual pode ser confirmado, mas, ainda assim, não nos inibiremos de dar a conhecer ao leitor tudo o mais que tem sido escrito, desde que com a devida ressalva de frisar que se trata, ou não, de uma conjectura ou de ficção, de melhor ou pior qualidade.

Aconselhamos a todos os interessados que se detenham, em primeiro lugar, em duas obras, no campo da ficção, mas que têm servido de ponto de partida para tudo o que diz respeito ao Graal, uma, *Le Roman du_Perceval* ou *Le Conte de Graal*, da autoria de Chrétien de Troyes, já foi focado neste artigo. De acordo com a obra tripartida, "O Sangue de Cristo e o Santo Graal", "em suma, o Graal de *Perlesvaus* consiste numa sequência de imagens ou visões. A primeiro é um rei coroado e crucificado. A segunda é uma criança. A terceira é um homem com uma coroa de espinhos, sangrando da testa, dos pés, das palmas das mãos e do flanco. A quarta manifestação não é especificada. A quinta é um cálice. Em cada ocasião, a manifestação é acompanhada por uma fragrância e uma grande luz" (pág. 348).

A outra obra, igualmente já focada, é *Parzival* de Eschenbach, em que, voltando a servir-nos da obra nossa contemporânea, *O Sangue de Cristo e o Santo Graal*, podemos concluir que "assim, segundo Wolfram, o Graal é algum tipo de pedra. Mas esta definição do Graal é mais intrigante que satisfatória." (pág. 354), isto porque, de acordo com os estudiosos, o termo "lapsis exilis" pode significar "pedra dos céus" ou "pedra caída dos céus", o que nos remeteria para um significado completamente diverso, numa espécie de objeto redentor, de Fênix, enfim, de algo sagrado e de transcendental importância, qual objeto de conhecimento absoluto – omnisciente.

Ora, então, entramos no terreno da obra *Templários – sua origem mística,* da autoria de David Caparelli e Pier Campadello, na qual se afirma que "por volta do ano 985 d.C., a Sagrada Taça do Santa Graal esteve em terras de Portugal até ao século XV, ficando depois uma cópia desta aos cuidados de um certo Barão Henrique Antunes da Silva Neves ('apud Mistérios Iniciáticos do Rei do Mundo', de Vítor Manoel Adrião, p. 59)." (pág. 180). Talvez o fato de a Taça conter três versos gravados em sumério, ser a razão de São Bernardo de Claraval ter procurado, a todo o custo, proteger o Templo de Salomão, em cujo interior deveria residir a fórmula explicativa do texto, ou seja, a chave que iria desvendar um dos maiores segredos da Humanidade! Ora, voltamos ao atrás escrito – os 9 cavaleiros da Ordem do Templo serviam, isso sim, para defender o conhecimento. Até porque é comumente aceite que na Arca da Aliança reside a fonte do conhecimento e esta teria sido escondida sob a estrutura que se sobrepôs ao antigo Templo de Salomão.

Por outro lado, coincide o estudo destes dois autores, com a idéia de não ser o Graal "um simples recipiente sagrado, mas uma Trindade Cósmica Universal mística e mágica" (pág.181), uma fonte fenomenal de sabedoria. Já o jovem cavaleiro Parsifal labutava para desvendar os seus segredos, sabendo que, dessa maneira, poderia equilibrar a anterior desordem na sua nação. É certo que os autores de "Templários – sua origem mística" frisam também a possibilidade da ligação do Graal à "Pedra da Coroação", por nós anteriormente citada, também apelidada de "Pedra do Destino", pois, supostamente, teria a capacidade de, por ser "falante", de revelar o melhor caminho em cada encruzilhada, ou seja, de revelar o futuro.

E estávamos, finalmente, a sentir que a nossa busca começava a dar alguns frutos. E decidimos dar uma espreitadela ao texto de Dalila Pereira da Costa, a célebre pensadora portuguesa, em *A Nau e o Graal*, que prefere comparar o santo vaso ao barco, pois "Graal, de que a 'Fons Vitae', da Misericórdia do Porto, como o vaso que contém o sangue de Cristo – será uma das últimas expressões plásticas mais facilmente visível. Vaso, ou fonte, da bebida sagrada, inextinguível, a que dá a mortalidade, o Elixir da Vida, que nesse quadro surge na sua vera realidade – através de todo o naturalismo final e algo pesado que agora possa tomar a nossos olhos, - rodeado e adorado pelo Rei e Rainha, a corte e todo o seu reino, de homens e natureza, em montes verdes, até aos limites do horizonte. (...) Nesta comunidade, o Graal e o barco existirão exemplar e explicitamente, nas suas formas mais dramáticas, encarnados na 'Demanda do Santo Graal' e na 'Navegação de S. Brandão'." (pág. 35). Isto é, com a sua mestria habitual, Dalila Pereira coloca, em cima da mesa da teoria, a possibilidade da ligação da própria criação de Portugal com o Graal sagrado.

Sempre que nos cruzávamos com novas obras e novos autores, aumentavam as teorias. Todos pareciam querer dar novo significado ao termo Graal. Ou, por outro lado, talvez o Sagrado Graal seja algo inatingível, inacessível – a concretização do impossível?

Estávamos a aproximar-nos do final da nossa viagem pela procura incessante de algo que nos intrigava. Como foi referido atrás, começávamos a encontrar algumas respostas às perguntas. Decidimos consultar enciclopédias e dicionários de símbolos, visto que costumam resumir-se ao concreto. A *Grande Enciclopédia Universal*, com a chancela portuguesa do Correio da Manhã, descreve o Graal como um "vaso que, segundo a tradição medieval, teria sido utilizado por Jesus Cristo na sua última ceia com os Apóstolos e que, portanto, teria servido para a instituição do sacramento eucarístico. Uma lenda muito divulgada na Idade Média pretendia que o Graal fora levado para a Inglaterra por José de

Arimatéia, no ano de 63. Os Cruzados, todavia, consideraram ter encontrado o verdadeiro Graal ao apoderarem-se de Cesaréia (1101): um recipiente feito de uma única esmeralda, atualmente conservado na Catedral de S. Lourenço de Gênova. De acordo com uma outra lenda, teria uma origem celestial, tendo sido confiado pelos anjos a um grupo de cavaleiros. Como quer que seja, a busca do Graal constitui um dos temas principais do ciclo arturiano. (...) Uma antiga tradição espanhola afirma que a relíquia foi levada para Espanha por Triturel, rei da Capadócia. A Catedral de Valência guarda como Graal um cálice de ágata, enviado de Roma para Espanha durante a perseguição de Valeriano" (pág. 6362).

Afinal de contas, há mais do que um Graal? A quem pertence? A esta pergunta, podemos responder com certeza – a ninguém e a todos! Mas nota-se que as direções não se apartam, antes convergem, ao falar-se de um vaso ou de uma taça, e da sua ligação a Cristo.

De acordo com o *Dicionário dos Símbolos* de Tom Chetwynd, defende que "o Graal em si é aquilo que preserva a vida, a idéia interior do receptáculo. No mundo exterior, o receptáculo propicia uma das grandes diferenças entre o homem e o animal: o homem é capaz de guardar e conservar a água, salvando assim a sua vida, ao passo que o animal pode morrer por não encontrar água disponível na natureza. Também no reino interior o homem tem a capacidade de se adaptar às circunstâncias, ao contrário dos animais, que ficam facilmente indefesos. (...) O Graal foi a sepultura onde a morte se transformou em vida, onde o vinho inanimado se transformou em sangue vivo. (...) Na lenda, o Graal era a taça usada por Cristo na Última Ceia, durante a qual Cristo se identificou com o vinho que foi bebido, identificando assim também a vida una com as suas diversas manifestações." (pp. 170-171).

Tudo muito confuso, segundo nos parece. E sem acrescentar muito.

Nova busca. Agora, em *Dicionário dos Símbolos*, de Juan Eduardo Cirlot. Aqui, o Graal é "um dos símbolos lendários mais belos e complexos. Na realidade, engloba dois símbolos diferentes, principais, em torno dos quais aparecem outros. São estes: o próprio Graal, e a sua busca. Na lenda ocidental do rei-pescador e de Perceval (Chrétien de Troyes), uma misteriosa doença simbólica (a mesma de Filoctetes) paralisava o monarca ancião, guardião do segredo do Graal. (...) A taça possui, por si mesmo, o seu próprio simbolismo, mas uma lenda diz que o Graal foi talhado pelos anjos, de uma esmeralda caída da fronte de Lúcifer, no momento em que foi atirado ao abismo. Assim, da mesma forma que a Virgem Maria redime o pecado de Eva, o sangue do redentor, através do Graal, redime do pecado luciferiano. (...) O Graal significa simultaneamente um vaso ('grasale') e um livro ('gradale'). Quanto à sua busca, diz respeito, em termos gerais, à «procura do tesouro perdido». (...) A origem histórica da lenda do Graal relaciona, no ocidente cristão, o vaso sagrado com a taça ou prato em que José de Arimateia recolheu o sangue do Salvador cravado na cruz.", rematando, então, indo de encontro ao que temos afirmado com alguma veemência, que "a idéia do Graal como «objeto» dotado de poderes misteriosos relaciona-se com a arca da aliança hebraica, que aparece revestida de similar poder de proteção e de comunicação com o Altíssimo" (pp. 183-184).

Muito interessantes estas noções. Esclarecidas e sem laivos de ficção desmedida.

Escolhemos, propositadamente, para última, a obra de Simon Cox, intitulada *O Código Da Vinci Descodificado (o guia não autorizado por detrás da ficção)*, por nos parecer de grande acuidade, num momento em que todos debatiam muito algo inquestionável – o "Código Da Vinci" é ficção, um bom romance histórico, na nossa opinião, mas não mais que isso – o autor, editor-chefe da revista "Phenomea", publicou, na altura ideal, uma espécie de dicionário de termos da obra de Dan Brown. Aqui, a todos os interessados, se descreve, com simplicidade, todos os termos, associações, datas e símbolos que a grande maioria dos leitores desconhece, relacionados com a obra policial "Código Da Vinci".

É, igualmente, nesta obra que terminamos a nossa busca. E já vamos explicar o porquê. Antes, citemos trechos do texto de Simon Cox, que define o Santo Graal, evidentemente, como "o tema central e ponto derradeiro do livro de Dan Brown" (pág. 160). Mais adiante, afirma que "nas diversas versões da lenda, o Santo Graal tem sido representado como uma taça ou cálice, uma relíquia contendo o sangue de Cristo, uma travessa de prata, um caldeirão de abundância, uma pedra do céu, um prato, um peixe, uma pomba, uma espada, uma lança, um livro secreto, maná do céu, uma cabeça decapitada, uma ofuscante luz branca, uma mesa, e muitas outras coisas para além destas. A demanda, não apenas para compreender o Graal, mas também para o encontrar está presente há mais de 1000 anos na história, e está profundamente enraizada na psique do homem moderno. O Graal tem sido apresentado de muitas formas possíveis deste tempos medievais até à atualidade e a demanda deste tem cativo o fascínio de muitos. Assim, o que sabemos das suas origens? A visão convencional do Graal é que este é o cálice que conteve o sangue de Cristo e que José de Arimatéia o trouxe para a Grã-Bretanha. Acredita-se que José o levou para Glastonbury no sul de Inglaterra, e a partir daí o seu paradeiro está rodeado de mistério. A lenda diz que esta taça ou Graal foi utilizada na Última Ceia, tendo sido também utilizada para recolher o sangue de Cristo na Crucificação, embora histórias diferentes tenham personagens diferentes a recolher o sangue – algumas têm José de Arimatéia, outras Nicodemo, e outras, Maria Madalena. As lendas continuam através dos séculos, atingindo o auge na Idade Média" (pp. 160-161).

Pois muito bem, caros leitores, eis que estamos, novamente, junto de Persival, ou Perceval ou, ainda, Percifal. Uma história – real ou imaginária – passada de geração em geração, que ganhou ênfase precisamente quando o tema da Cavalaria atinge o seu auge; quando se necessita motivar os jovens cavaleiros europeus e cristãos numa demanda pela fé cristã, na partida em busca de algo que está do outro lado do mundo, num Médio Oriente fascinante, terra de Jesus Cristo, onde está a cidade-santa de Jerusalém. Enfim, uma demanda pela fé.

O mesmo autor, Simon Cox, conclui ainda que "as histórias da utilização original do Santo Graal – a recolha do sangue de Cristo na Crucificação – liga definitivamente o precioso sangue de Cristo com o Graal e bem pode ser uma metáfora para a descendência do Messias Cristão" (pág. 164).

E foi exatamente aqui que terminou a nossa busca pela definição do Graal. Compreendemos, em primeiro lugar, que tinha voltado ao ponto de partida. Entendemos que a busca estava a ser feita em movimentos circulares, e não em linha reta, essencialmente porque não existe outra forma de a mesma ser efetuada. Vislumbramos que tudo o que tínhamos observado até aqui apresentava algumas idéias-base que nos pareciam pontos concretos: a ligação do Graal a Jesus Cristo; a idéia de um vaso ou taça, que devidamente alcançado, daria um poder e prestígio sem igual; e, obviamente, que conteve o sangue real, de Jesus de Nazaré, Rei dos Judeus – fosse do próprio corpo, fosse em sentido figurado, em formato de vinho.

Parece-nos que, efetivamente, tínhamos chegado ao ponto final da busca na casa inicial – o Graal era algo inatingível. Muitos se gabavam de tê-lo visto, mas ninguém o conseguia comprovar. Muitos teorizavam sobre ele, mas ninguém conseguiu obter um consenso generalizado. Tão antigo quanto a tradição cristã, o Graal representa, a nosso ver, nem mais nem menos do que a própria fé cristã, os seus idéias mais puros, bebendo o líquido do conhecimento diretamente do próprio profeta maior, Jesus Cristo. E é nessa busca diária de melhoria das nossas próprias qualidades – a procura de sermos, a cada dia, melhores conosco e com os demais – que reside a essência máxima do Graal: a procura de conhecimento.

Porventura, jamais conseguiremos ter acesso à fonte direta – todos queremos ser eternamente jovens; livres de doenças físicas; conhecer os segredos mais bem guardados. Mas, infeliz ou felizmente, ninguém, que se saiba, terá tido essa oportunidade. E a nós, comuns mortais, resta-nos a esperança de um dia podermos alcançar essa chama eterna, esse lampejo de felicidade inquebrantável, essa fonte de vida, de sabedoria e conhecimento.

Enfim, em suma, cumpre-nos a todos prosseguir a demanda interior do Graal!

Tinha chegado a altura de fecharmos todos os livros e de desligarmos o computador, objetos a partir dos quais tínhamos pesquisado e dispendido imensas horas, em busca de algo mais do que sabíamos de início. E, estranhamente, apesar do conhecimento teórico ser pouco superior ao inicial, o fato é que sentimos que, de alguma maneira, tínhamos chegado ao final da pesquisa, a qual, em jeito de conclusão, nos recolocava, de novo, na própria busca...

10. A Conclusão

«Foi há quase setecentos anos que o papa **Clemente V** dissolveu a Ordem dos Cavaleiros do Templo de **Salomão**. Desde então, a história foi muitas vezes contada e provavelmente sê-lo-á muitas mais, pois é uma narrativa com todos os elementos da história romântica: situa-se em tempos e lugares exóticos, é povoada de personagens possuidoras dos mais elevados ideais e da mais baixa corrupção e está imbuída de mistério. Muito do mistério que rodeia os Templários provém de falta de conhecimento e deve-se aos muitos escritores que tomaram liberdades imaginativas com os fatos conhecidos e apresentaram suposições sob o disfarce da história."

Stephen Howarth, *Os Cavaleiros Templários*

A Ordem dos Cavaleiros Templários possui, como nenhuma outra, uma projeção junto dos leitores que, se analisarmos a sua fundação humilde e discreta, se afigura assaz estranha. Porém, nem tudo aquilo que parece é. Estamos em crer, após uma década de investigação inteiramente dedicada a esta temática, que existia um objetivo muito concreto na criação desta milícia, ao mesmo tempo, militar e religiosa.

Como a própria organização pressupõe, a vertente militar concentrava-se na defesa do território dos peregrinos e em continuar o incremento, pelas armas, da fé cristã. A vertente religiosa, com grande grau de certeza, revestia-se, não só de um cariz monástico, reflexivo e introspectivo, como também de uma área esotérica, isto é, uma zona hermética (oculta), em que o segredo dos estudos era o método utilizado.

A Ordem do Templo, como também é apelidada, alcançou, quiçá estranhamente, uma legião de curiosos. Diz o povo, e com razão, "que o fruto proibido é o mais apetecido". Talvez resida aí grande parte do encanto pela temática. O ser humano sente-se, naturalmente, atraído pelo desconhecido e, obviamente, a história e atuação dos cavaleiros templários possui enorme caudal de acontecimentos dificilmente explicáveis.

Por outro lado, a criação de mitos posteriores à sua extinção oficial propiciou que, apesar da tentativa de apagá-la da história, tais fatos tornaram-na ainda mais importante aos olhos de todos. Os textos de qualidade que se seguiram, da parte de investigadores de renome, foram uma contribuição fundamental para que a memória da Ordem do Templo não caísse no esquecimento.

Não seguimos, porém, na onda atual de pseudo-teorias bacocas. Não procuramos o lucro fácil através da aplicação de ideias polêmicas. E, para além do mais, reconhecidamente, não temos ligação efetiva com qualquer organização neo-templária. Evidentemente que, ao longo dos anos, conseguimos criar um bom grupo de amizades dentro da área de investigação. Mas nada disso nos toldou o espírito livre e objetivo que procuramos empregar na elaboração do nosso trabalho.

A presente obra, como referimos na introdução, para além de seguir o rumo traçado, em consonância com tudo o que temos concretizado até ao atual momento, procurou abordar uma área temática que não tem alcançado, infelizmente, grandes seguidores – isto é, a ligação efetiva dos Templários (pela sucedânea Ordem de Cristo) ao Brasil.

Para além disso, procuramos abordar temas que, na realidade, interessam aos leitores, tais como a simbologia e os mistérios templários.

Em suma, se nos é permitido afirmar, a presente obra pretende, humildemente, ser um resumo de tudo aquilo que é realmente importante sobre os Templários. Esta é a nossa opinião. Cabe ao leitor corroborá-la, ou não. Porém, sentimo-nos de consciência tranqüila devido a algo insofismável: a obra *Os Templários e o Brasil* rege-se pela isenção, objetividade e concisão indispensáveis a uma investigação do gênero.

Citando S. Bernardo de Claraval, em *De Laude Novae Militiae*, "agora cabe aos meus leitores julgar o que escrevi, visto não ser possível que agrade a todos"...

Interior do Castelo de Castro Marim.

GLOSSÁRIO

Alfobre (nota 68) - Viveiro onde se criam plantas até a época de serem transplantadas. Canteiro entre dois regos por onde corre água.

Apanágio (p.62) - Vantagem particular, privilégio, regalia; pensão concedida aos filhos e às viúvas de nobres.

Beausant (ou Balsa templária) - Bandeira de batalha dos Templários, que era dividida em partes iguais, com as cores preta (terror e morte do inimigo) e branca (fé e caridade para os cristãos), e a cruz vermelha no centro circundada pelo salmo de David "não a nós Senhor, não a nós, mas para glória do Teu nome".

Burel (regras) - Hábito feito de tecido grosseiro de lã.

Cariz (cap.3 1o parag) - Conjunto de características, traço, propriedade ou qualidade distintiva.

Cartusiano (nota 29) - Relativo à ordem religiosa de grande austeridade, fundada em 1066 por S. Bruno.

Cátaro(a) (nota 22) – Indivíduo participante de seita existente no sul da França que defendia uma religiosidade estribada em ascetismo rigoroso.

Cogula (nota 74) - Espécie de batina com capucho, como a dos padres beneditinos.

Completas (regras) - A derradeira hora canônica da recitação do ofício divino ou breviário.

Comendas (p.75) - Porção de terra doada oficialmente como recompensa por serviços prestados; benefício que era concedido a eclesiásticos e cavaleiros de ordens militares.

Copetes (regras) - O mesmo que topete, pode também ser empregado para designar mecha de crina de cavalo.

Couto (p.75) - Extensão de terras onde é proibida a entrada de estranhos, área privada de caça.

Falhanço (p.55) - O mesmo que falha, derrota ou fracaço.

Fatímida (p.55) - Dinastia bérbere e xiita que governou o Norte da África, notadamente Egito, entre séculos X e XII, fundada por um descendente de Fátima, filha de Maomé.

Felonia (p. 61) - Ato desleal, traição, procedimento cruel, maldade, ferocidade.

Fissípedes (p.100)- Que tem os dedos separados na base.

Gonfalão (nota 32) – Estandarte com três ou quatro pontas pendentes.

Hégira (nota 43) - Fuga de Maomé de Meca para Medina em 622 da era cristã. Era maometana cujo início é marcado por essa data.

Ismaelita (nota 40) - Relativo ao indivíduo de qualquer tribo ou povo antigo do Oriente Médio considerado descendente de Ismael, filho do patriarca Abraão e sua escrava Hagar.

Mamelucos (p.61) Membros de antiga milícia turco-egípcia, formada por escravos caucasianos convertidos ao islamismo.

Matinas (regras) - Na liturgia católica, cânticos da primeira parte do ofício divino, geralmente antes do raiar do sol.

Neófito(a) (p. 33) – Iniciante, principiante, aprendiz. Diz-se principalmente da pessoa que está recebendo instruções e preparo para receber o batismo.

Ordem de Cister (p.50) - Fundada na Borgonha no século XI, expandindo-se por toda a Europa no século seguinte pela atuação de São Bernardo de Claraval. Destacou-se como outras ordens religiosas do período medieval pela sua austeridade, sobriedade.

Outro sim (p.74) - outrossim, do mesmo modo, igualmente. Também aparece registrado no período medieval de várias formas: outrosi, outrossi, outro sy.

Padrão (p.96) - Monumento de pedra fixado em lugar descoberto pelos portugueses.

Sufragâneo (p. 32) - Aquele que é subordinado a autoridade eclesiástica superior.

Tomar (nota 61) – Fundada em 1157 pelo primeiro grão-mestre da Ordem dos Templários em Portugal, Gualdim Pais.Cidade em que mora o autor Pedro Silva, onde, em 1162, foi construído o Convento de Cristo, pelo grão-mestre dos templários.

Castelo Templário de Tomar.

BIBLIOGRAFIA

Livros

"**500 Anos: Portugal – Brasil**" – Lisboa: Correio da Manhã / QuidNovi, 2000, 296 pp.

Adrião, Vitor Manuel, "**História Oculta de Portugal**" – São Paulo: Madras Editora, 2000, 367 pp.

Alexandre, Manuel (Dir.), "**Grande Enciclopédia do Conhecimento**" (16 Volumes) (Edição sem local) Círculo de Leitores (Licença editorial para esta versão a Jornal de Notícias), Edição sem data.

Almeida, Lourival Nobre de, "**A Comunidade Luso-Brasileira: Desafio a dois Povos**" – Rio de Janeiro: Edições Fundação Cultural do Amazonas, 1969, 159 pp.

Amaral, Diogo Freitas do, "**D. Afonso Henriques: Biografia**" – Braga: Círculo de Leitores, 2000, 210 pp.

Amarante, Eduardo, "**Templários de Milícia Cristã a Sociedade Secreta**" (Volume I: Antecedentes Históricos) – Lisboa: Publicações Quipu, 2000, 134 pp.

Amarante, Eduardo, "**Templários de Milícia Cristã a Sociedade Secreta**" (Volume II: Fundação e Expansão, Tomo 1) – Lisboa: Publicações Quipu, 2001, 118 pp.

Amarante, Eduardo, "**Templários de Milícia Cristã a Sociedade Secreta**" (Volume II: Fundação e Expansão, Tomo 2) – Lisboa: Publicações Quipu, 2001, 144 pp.

Amarante, Eduardo, "**Templários de Milícia Cristã a Sociedade Secreta**" (Volume III: A Pré-Formação de Portugal, Tomo 1) – Lisboa: Publicações Quipu, 2002, 110 pp.

Amarante, Eduardo, "**Templários de Milícia Cristã a Sociedade Secreta**" (Volume III: A Pré-Formação de Portugal, Tomo 2) – Lisboa: Publicações Quipu, 2003, 152 pp.

Amarante, Eduardo, "**Templários de Milícia Cristã a Sociedade Secreta**" (Volume IV: Da Formação de Portugal às Descobertas, Tomo 1) – Lisboa: Publicações Quipu, 2003, 144 pp.

Amarante, Eduardo, "**Templários de Milícia Cristã a Sociedade Secreta**" (Volume IV: Da Formação de Portugal às Descobertas, Tomo 2) – Lisboa: Publicações Quipu, 2003, 96 pp.

Amarante, Eduardo, "**Templários de Milícia Cristã a Sociedade Secreta**" (Volume V: Perseguição e Queda) – Lisboa: Publicações Quipu, 2003, 126 pp.

Amarante, Eduardo e Rainer Daehnhardt, "**Portugal: A Missão que Falta Cumprir**" (Volume I: Arquétipos e Mitos) – Porto: Edições Nova Acrópole, 1994, 141 pp.

"**Anais da União dos Amigos dos Monumentos da Ordem de Cristo**" (5 volumes) – Tomar: Tipografia António Gouveia, 1919-1968.

"**A Ordem do Templo e seu Ressurgimento**" – São Paulo: Madras Editora, 1998 (Original: Edição sem local, OVDT, 1998), 110 pp.

Atienza, Juan G., "**A Meta Secreta dos Templários**" (Edição sem local) Litexa, 1981 (Original: Edição sem local, Ediciones Martinez Roca, 1979), 257 pp.

Baigent, Michael, Richar Leigh e Henry Lincoln, "**O Sangue de Cristo e o Santo Graal**" – Lisboa: Livros do Brasil, 2003, 599 pp.

Benoist, Luc, "**Signos, Símbolos e Mitos**" – Lisboa: Edições 70, 1999 (Original: Edição sem local, Presses Universitaires de France, 1975), 120 pp.

Béresniak, Daniel, "**Judeus e Franco-Maçons – Os construtores de templos**" – Cascais: Pergaminho, 2001, 219 pp.

Bethencourt, Francisco e Kirti Chaudhuri (Dir.), "**História da Expansão Portuguesa**" (5 Volumes) – Navarra, Espanha: Círculo de Leitores, 1998.

"**Boletim Cultural e Informativo da Câmara Municipal de Tomar**" (Todos os Números) - Tomar: Câmara Municipal de Tomar (Coordenação do Gabinete de Educação e Cultura), Início em 1 de Março de 1981.

Borges, Alexandre e Hugo Rosa, "**Histórias Secretas de Reis Portugueses**" – Lisboa: Editorial Notícias, 2004 (2ª Edição), 143 pp.

Boxer, C. R., "**Relações Raciais no Império Colonial Português, 1415-1825**" – Porto: Edições Afrontamento, 1977 (Original: Edição sem local, Oxford University Press, 1963), 131 pp.

Branco, Manuel da Silva Castelo, "**Inéditos da Ordem de Cristo**", de Frei Bernardo da Costa – Santarém: Assembleia Distrital de Santarém, 1980.

Brandão, Fernando de Castro, "**História da Expansão Portuguesa, 1367-1580, Uma Cronologia**" – Odivelas: Europress, 1995, 175 pp.

Brown, Dan, "**O Código Da Vinci**" – Amadora: Bertrand Editora, 2004 (6ª Edição) (Original: Edição sem local, Dan Brown, 2003), 539 pp.

Burman, Edward, "**Templários: Os Cavaleiros de Deus**" - Rio de Janeiro: Nova Era, 1997 (4ª Edição), 238 pp.

Calvet, Carlos, "**Mitogeometria de Portugal**" – Lisboa: Hugin Editores, 2001, 200 pp.

Camões, Luis Vaz de, "**Os Lusíadas**" (Edição sem local), Editora Ulisseia, 1999 (5ª Reimpressão), 419 pp.

Caparelli, David e Pier Campadello, "**Templários: sua origem mística**" – São Paulo: Madras Editora, 2003, 237 pp.

Carles, Jacques e Michel Granger, "**A Alquimia: Superciência Extraterrestre?**" (Edição sem local), Livraria Bertrand, 1980 (Original: Paris, Éditios Albin Michel, 1972), 272 pp.

Carneiro, Roberto (Coord. Geral), "**Memória de Portugal: O Milénio Português**" – Rio de Mouro: Círculo de Leitores, 2001, 574 pp.

Celaya, Fernando Diez, "**Os Templários**" – São Paulo: Editora Angra, 2001 (Original: Madrid, Acento Editorial, 1996), 140 pp.

Cerdeira, Eleutério, "**A Ordem de Cristo: Resumo Histórico**" – Porto: Oficina Gráfica da Escola Industrial Infante D. Henrique, 1923, 20 pp.

César, Ângelo, "**Juízo Final sobre a passagem do presente para o futuro**" – Porto: Livraria Tavares Martins, 1967, 26 pp.

Chartres, Foucher de, "**A 1ª Cruzada**" – Mem Martins: Editorial Inquérito, 2003, 170 pp.

Chetwind, Tom, "**Dicionário dos Símbolos**" – Lisboa: Planeta Editora, 2004 (Original: Edição sem local, Tom Chetwind, 1982), 367 pp.

Cirlot, Juan Eduardo, "**Dicionário de símbolos**" – Lisboa: Publicações Dom Quixote, 2000, 450 pp.

Conrad, Philippe, "**História da Reconquista**" – Mem Martins: Publicações Europa-América, 2003, 141 pp.

Correia, Mário Dias (Edi.), "**Nova Enciclopédia Portuguesa**" – Lisboa: Ediclube, 1991.

Costa, Dalila L. Pereira da, "**A Nau e o Graal**" – Porto: Lello & Irmão Editores, 1978, 165 pp.

Costa, Dalila L. Pereira da, "**A Nova Atlântida**" – Porto: Lello & Irmão Editores, 1977, 367 pp.

Costa, Dalila L. Pereira da, e Pinharanda Gomes, "**Introdução à Saudade**" – Porto: Lello & Irmão Editores, 1976, 226 pp.

Costa, Frei Bernardo da Costa, "**História da Militar Ordem de Nosso Senhor Jesus Christo**" – Coimbra: Officina de Pedro Ginioux, 1771, 315 pp.

Couto, Jorge, "**A Construção do Brasil**" – Lisboa: Edições Cosmos, 1998 (Original: Madrid, Editorial Mapfre, 1992), 408 pp.

Cox, Simon, "**O Código Da Vinci Descodificado**" – Mem Martins: Publicações Europa-América, 2004 (6ª Edição), 190 pp.

Daehnhardt, Rainer, "**Missão Templária nos Descobrimentos**" - Lisboa: Publicações Quipu, 1999, 143 pp.

Daehnhardt, Rainer, "**Páginas Secretas da História de Portugal**" (Volume II) – Lisboa: Edições Nova Acrópole, 1997 (2ª Edição) (Original: Grã-Bretanha, Michael O'Mara Books Limited, 2004), 228 pp.

"**Definições e Estatutos dos Cavalleiros & Freires da Ordem de Nosso Senhor Jesu Christo, com a História da Origem & Principio Della**" – Lisboa: Por Pedro Craesbeeck, 1628, 287 pp.

"**Dicionário da Bíblia e do Cristianismo**" – Lisboa: Correio da Manhã, 2004, 635 pp.

Dias, Mário Simões, "**Dom Frei Gedeão, templário**" – Coimbra: Edições J. D. C., 2001, 86 pp.

Dias, Mário Simões, "**Os Templários em Terras de Portugal**" – Coimbra: Edição de Autor (Impressão: Livraria Minerva), 1999, 109 pp.

Dias, Pedro, "**Visitações da Ordem de Cristo de 1507 a 1510: Aspectos Artísticos**" – Coimbra: Faculdade de Letras da Universidade de Coimbra, 1979.

Drège, Jean-Pierre, "**Marco Polo e a Rota da Seda**" (Edição sem local) Livraria Civilização Editora / Círculo de Leitores, 1992 (Original: Edição sem local, Gallimard, 1989), 192 pp.

Eco, Umberto, **"O Pêndulo de Foucault"** – Algés: Difel, 2004 (10ª Edição) (Original: Milano, Grupo Editoriale Fabbri-Bompiani, 1998), 563 pp.

Eliade, Mircea, "**O Mito do Eterno Retorno**" – Lisboa: Edições 70, 2000 (Original: Edição sem local, Éditions Gallimard, 1969), 175 pp.

Eliade, Mircea, **"Ritos de Iniciação e Sociedades Secretas"** – Lisboa: Ésquilo, 2004, 204 pp.

Fernanda, Isabel Alexandra, "**Reis e Rainhas de Portugal**" – Lisboa: Texto Editora, 2001, 80 pp.

Fernandes, Isabel Cristina F. (Coord.), "**Ordens Militares: Guerra, Religião, Poder e Cultura**" (2 volumes) – Lisboa: Edições Colibri e Câmara Municipal de Palmela, 1999, 300 pp. (Volume I) e 440 pp. (Volume II).

Fernandes, Isabel Cristina F. e Paulo Pacheco (Coord.), "**As Ordens Militares em Portugal e no Sul da Europa**" – Lisboa: Edições Colibri e Câmara Municipal de Palmela, 1997, 554 pp.

Ferreira, A. Gomes e J. Nunes de Figueiredo, "**Grande Biblioteca Multilingue**" (18 Volumes) – Matosinhos: QuidNovi, 2002.

Ferryn, Patrick e Ivan Verheiden (Coord.), "**Civilizações Superiores da Antiguidade**" – Lisboa: Edições 70, 1981 (Original: Edição sem local, Éditions Robert Laffont, 1976), 178 pp.

Féval, Paul, "**Os Templários**" – Lisboa: Hugin Editores, 2001 (Original: O presente livro é um capítulo da obra "Os Tribunais Secretos", Biblioteca de Livros Úteis, Lisboa, 1874), 314 pp.

Fonseca, Luís Adão da (Dir.), "**As Ordens de Cristo e de Santiago no início da Época Moderna: A Normativa**" – Porto: Fundação Eng. António de Almeida, 1998, 327pp.

França, José-Augusto, "**Tomar**" – Lisboa: Editorial Presença, 1994, 135 pp.

Franclim, S., "**d'O Encoberto ou o Livro de D. Sebastião**" – Lisboa: Hugin Editores, 2004, 82 pp.

Franclim, S., "**O Sonho do Portugal Templário**" – Lisboa: Hugin Editores, 2004, 137 pp.

Frutiger, Adrian, "**Signos, Símbolos, Marcas, Señales**" – Barcelona: Ediciones G. Gili, 2002 (8ª Edição), 286 pp.

Frutiger, Adrian, "**Sinais & Símbolos**" – São Paulo: Livraria Martins Fontes, 2001, 334 pp.

Futthark, Run, **"A Misteriosa Ordem Templária"** – Lisboa: Ésquilo, 2004, 103 pp.

Gandra, Manuel, **"Dicionário do Milénio Lusíada – Impérios do Divino, Sebastianismo e Quinto Império"** (Volume I) – Lisboa: Hugin Editores, 2003, 338 pp.

Gandra, Manuel J., **"A Cristofania de Ourique – Mito e Profecia"** – Lisboa: Fundação Lusíada, 2002, 303 pp.

Gandra, Manuel J., **"Ecos Portugueses da Atlântida"** (Cadernos da Tradição, Nº 3 / 4) – Lisboa: Hugin Editores, 2004, 404 pp.

Gandra, Manuel J. (Dir.), **"O Templo e a Ordem Templária de Portugal"** (Cadernos da Tradição) – Lisboa: Hugin Editores, 2000, 238 pp.

Gandra, Manuel J., **"Os Templários na Literatura"** – Lisboa: Hugin Editores, 2000, 302 pp.

Garcia, António Galera, **"Los Soldados del Cordero"** – Múrcia: Tabularium, 2003, 230 pp.

Garten, Juan de, **"Os Templários (Soberana Ordem dos Cavaleiros do Templo de Jerusalém)"** – Brasil: Traço Editora, 1987 (2ª Edição), 90 pp.

Godes, Jesús Mestre, **"Os Templários: Alvorada e Crepúsculo dos Cavaleiros"** – Sintra: Pergaminho, 2001 (Original: Edicions 62, Barcelona, 1996), 287 pp.

Goff, Jacques Le (Dir.), **"O Homem Medieval"** – Lisboa: Editorial Presença, 1989 (Original: Laterza & Figli, Roma – Bari, 1987), 257 pp.

Gomes, Pinharanda, **"A Regra Primitiva dos Cavaleiros Templários"** – Lisboa: Hugin Editores, 1999, 160 pp.

Gouveia, António Simões (Coord.), **"D. Manuel I, a Ordem de Cristo e a Comenda de Soure"** - Soure: Comissão Nacional para as Comemorações dos Descobrimentos Portugueses e Câmara Municipal de Soure, 1996, 109 pp.

Graça, Luis Maria Pedrosa dos Santos, **"Castelo dos Templários"** (Edição sem local) Elo – Publicidade, Artes Gráficas, 1994, 18 pp.

"Grande Enciclopédia Portuguesa e Brasileira" (Volume VI) – Lisboa/Rio de Janeiro: Editorial Enciclopédica (Edição sem data).

"Grande Enciclopédia Universal" (20 Volumes) – Lisboa: Correio da Manhã / Durclub, S.A., 2004.

Grimberg, Carl, **"História Universal 7: Das Cruzadas às Guerras Hussitas"** – Lisboa: Publicações Europa-América, 1967 (Original: Estocolmo, P. A. Norstedt & Soners, 1940), 215 pp.

Guerreiro, Luis R., **"O Grande Livro da Pirataria e do Corso"** (Edição sem local) Círculo de Leitores, 1996, 335 pp.

Guimarães, Vieira, **"A Cruz da Ordem de Cristo nos Navios dos Descobrimentos Portugueses"** – Lisboa: Oficinas Fernandes, 1935, 18 pp.

Guimarães, Vieira, "**O Sexcentenário da Ordem de Christo**" – Lisboa: Papelaria e Tipografia Fernandes, 1919, 28 pp.

Guimarães, Vieira, "**Ordem de Cristo**" – Lisboa: Imprensa Nacional de Lisboa, 1936, 486 pp.

Hamilton, Bernard, "**As Cruzadas**" – Lisboa: Temas e Debates, 2000, 94 pp.

Herculano, Alexandre, "**História de Portugal**" (8 Volumes) – Lisboa: Ulmeiro, 1980.

"**História e Lenda dos Templários**" – São Paulo: Editora Globo, 2003 (Original: Florença – Milão, Giunti Editore, 2003), 127 pp.

Holland, Julian e Norman Brooke (Red.), "**História Universal Comparada**" - Rio de Mouro: Correio da Manhã, 2000 (Original: Edição sem local, Kingfisher Publications, 1999), 464 pp.

Howarth, Stephen, "**Os Cavaleiros Templários**" – Lisboa: Livros do Brasil, 2004, 334 pp.

Hutin, Serge, "**As Sociedades Secretas**" (de J. Guinsburg) – São Paulo: Difusão Europeia do Livro, 1954, 138 pp.

Koch, Rudolf, "**O livro dos símbolos**" – Mem Martins: Livro de Vida Editores, 1999 (2ª Edição), 108 pp.

Lamy, Michel, "**Os Templários – Esses Grandes Senhores de Mantos Brancos**" - Lisboa: Editorial Notícias, 1999 (2ª Edição) (Original: Edição sem local, Éditions Aubéron, sem data), 351 pp.

Lantoine, A., "**Les sociétés secrètes actuelles en Europe et en Amérique**" – Paris : P.U.F., 1940.

Laszlo, Pierre, "**O que é a Alquimia**" – Lisboa: Terramar, 1997 (Original: Paris, Hachette Livre, 1996), 134 pp.

Leadbeater 33º, C. W., "**Pequena História da Maçonaria**" – São Paulo: Editora Pensamento, 1994, 270 pp.

Lopes, Aurélio, "**Devoção e Poder nas Festas do Espírito Santo**" – Chamusca: Edições Cosmos, 2004, 592 pp.

Loução, Paulo Alexandre, "**A Alma Secreta de Portugal**" – Lisboa: Ésquilo, 2002, 480 pp.

Loução, Paulo Alexandre, "**A Descoberta do Brasil (Fruto do persistente plano templário e do génio de D. João II)**" – Lisboa: Ésquilo, 2000, 176 pp.

Loução, Paulo Alexandre, "**Dos Templários à Nova Demanda do Graal**" – Lisboa: Esquilo, 2003, 476 pp.

Loução, Paulo Alexandre, "**Os Templários na Formação de Portugal**" - Lisboa: Ésquilo, 1999, 327 pp.

Loução, Paulo Alexandre, "**Portugal – Terra de Mistérios**" – Lisboa: Ésquilo, 2001, 400 pp.

Luca, Maria Margherita De (Trad.) , "**História e Lenda dos Templários**" – São Paulo: Editora Globo, 2003, 127 pp.

Lutzer, Erwin, "**A Fraude do Código Da Vinci**" – São Paulo: Editora Vida, 2004 (Original: Illinois, Tyndale House Publishers, 2004), 149 pp.

Machado, F. S. de Lacerda, "**O Castelo dos Templários - Origem da Cidade de Tomar**" - Tomar: Comissão de Iniciativa e Turismo de Tomar, 1936, 37 pp.

Machado, José Pedro, "**Grande Dicionário da Língua Portuguesa**" (6 Volumes) – Lisboa: Publicações Alfa, 1991.

Manuel, Alexandre, "**Grande Enciclopédia do Conhecimento**" (16 Volumes) (Edição sem local) Círculo de Leitores, (Edição sem data).

"**Marco Polo**" – Queluz de Baixo: Biblioteca Fruto Real / Imprimarte – Publicações e Artes Gráficas (Edição sem data), 159 pp.

Marías, Julían, "**História da Filosofia**" – Porto: Edições Sousa & Almeida, 1987 (8ª Edição), 470 pp.

Marillier, Bernard, "**B-A-BA dos Templários**" – Lisboa: Hugin Editores, 1998, 113 pp.

Marques, A. H. de Oliveira, "**História da Maçonaria em Portugal**" (3 volumes) – Lisboa: Editorial Presença, 1990.

Martins, Oliveira, "**Portugal nos mares**" (2 volumes) – Lisboa: Ulmeiro, 1988.

Martins, J. P. Oliveira, "**Fundamentos da Nacionalidade**" – Lisboa: Editorial Nova Ática, 2004, 16 pp.

Mattoso, José, "**A Identidade Nacional**" – Lisboa: Fundação Mário Soares / Gradiva Publicações, 2001, 111 pp.

Medeiros, José, "**Os Caminhos Esotéricos de Portugal**" – Cascais: Editora Pergaminho, 2003, 157 pp.

Medina, João (Dir.), "**História de Portugal**" (20 volumes) – Amadora: Edita Ediclube, 2004.

Mendanha, Victor, "**História Misteriosa de Portugal**" – Cascais: Editora Pergaminho, 1999 (5ª Edição), 367 pp.

Monteiro, António, "**A Ordem Rosacruz**" – Mem Martins: Publicações Europa-América, 1981, 176 pp.

Monteiro, João Gouveia, "**Os Castelos Portugueses dos Finais da Idade Média**" – Lisboa: Edições Colibri, 1999, 332 pp.

Montreynaud, Florence, "**Dicionário de Citações**" (Edição sem local) Editorial Inquérito, 1991 (Original – Paris, Fernand Nathan, 1985), 636 pp.

Morgado, Isabel, "**Soure: Uma mui antiga terra da Estremadura**" – Soure: Câmara Municipal de Soure e Comissão Nacional para as Comemorações dos Descobrimentos Portugueses.

Moscati, Sabatino, "**Civilizações do Mistério**" – Lisboa: Edições 70, 1982 (Original: Edição sem local, Newton Compton Editori, 1979), 171 pp.

Moutinho, Viale, "**Lendas de Portugal**" (Edição sem local) Diário de Notícias, 2003, 301 pp.

Nollier, Inès, "**O Grão-Mestre dos Templários**" – Lisboa: Nova Arrancada, 2002, 358 pp.

Nunes, Cármen e Maria Leonor Sardinha, "**O Eco dos Descobrimentos na Literatura Portuguesa**" – Lisboa: Editora Replicação, 1999, 123 pp.

"**O Grande Livro do Maravilhoso e do Fantástico**" – Lisboa: Selecções do Reader's Digest, 1989 (3ª reimpressão), 592 pp.

"**O Grande Livro dos Portugueses**" (Edição sem local) Círculo de Leitores, 1990, 518 pp.

Oliver, Stefan, "**An Introduction to Heraldry**" – London: Grange Books, 1997, 112 pp.

Pascoaes, Teixeira de, "**A Arte de Ser Português**" – Lisboa: Assírio & Alvim, 1993 (2ª Edição), 125 pp.

Pacheco, Paulo e Luis Pequito Antunes (Coord.), "**As Ordens Militares em Portugal – Actas do 1º Encontro Sobre Ordens Militares**" – Palmela: Câmara Municipal de Palmela, 1991, 319 pp.

Paço, António Simões do, "**Fatos desconhecidos da História de Portugal**" – Lisboa: Selecções do Reader's Digest, 2004, 367 pp.

Paraschi, André Jean, "**A Chave Esotérica do Simbolismo dos Templários**" – Lisboa: Magazine Documentário, 1981, 36 pp.

Paraschi, André Jean, "**Breve Guia da Expansão Geográfica dos Cavaleiros e Freires Templários em Portugal**" – Lisboa: Sol Invictus, 1986, 64 pp.

Paraschi, André Jean, "**História dos Templários em Portugal**" – Lisboa: Sol Invictus, 1990, 99 pp.

Pereira, Paulo, "**Enigmas: Lugares Mágicos de Portugal**" (Todos os volumes) – Mem Martins: Círculo de Leitores, 2004.

Pernoud, Régine, "**Les Templiers Chevaliers du Christ**" (Edição sem local) Gallimard, 1998 (1ª Edição: Setembro de 1995), 128 pp.

Pernoud, Régine, "**Os Templários**" - Mem Martins: Publicações Europa-América, Sem data (Original – Edição sem local: Presses Universitaries de France, 1974), 168 pp.

Picar, Michel, "**Os Templários**" - Mem Martins: Publicações Europa-América, 1990 (Original: Paris: M. A. Éditions, 1985), 168 pp.

Picknett, Lynn e Clive Prince, "**O Segredo dos Templários**" – Mem Martins: Publicações Europa-América, 2004 (3ª Edição) (Original: Edição sem local, Lynn Picknett e Clive Prince, 1997), 424 pp.

Pinto, Fernão Mendes, "**Peregrinação**" (2 Volumes) – Lisboa: R.B. A. Editores / Público, 1996, 367 pp.

Quadros, António, "**Portugal: Razão e Mistério**" (2 Volumes) – Lisboa: Guimarães Editores, 1986, 215 pp. (Volume I) e 330 pp. (Volume II).

Quental, Antero de, "**Causas da decadência dos povos peninsulares**" – Lisboa: Ulmeiro, 2001 (8ª edição), 69 pp.

Raposo, Hipólito, "**Pedras para o Templo**" – Porto: Livraria Civilização, 1933, 245 pp.

Rodinson, Maxime, "**Os Árabes**" – Lisboa: Publicações Europa-América, (Edição sem data), (Original: Edição sem local, Presses Universitaires de France, 1979), 150 pp.

Rodrigues, António Simões (Coord.), "**História de Portugal em Datas**" (Edição sem local) Círculo de Leitores, 1994, 480 pp.

Rops, Daniel, "**A Igreja das Catedrais e das Cruzadas**" (Volume III) – Porto: Livraria Tavares Martins, 1961, 995 pp.

Rosa, Amorim, "**Anais do Município de Tomar**" (9 volumes entre 1972 e 1974) – Tomar: Gráfica de Tomar.

Rosa, Amorim, "**De Tomar**" (2 volumes) – Tomar: Fábricas Mendes Godinho, 1988 (2ª Edição).

Sanceau, Elaine, "**Recortes de Pequena História**" – Porto: Livraria Civilização, 1964, 254 pp.

Sanders, E. P., "**A Verdadeira História de Jesus**" – Cruz Quebrada: Editorial Notícias, 2004 (Original: Edição sem local, E. P. Sanders, 1993), 366 pp.

Santos, José António dos, "**Monumentos das Ordens Militares do Templo e de Christo em Thomar**" – Lisboa: Typografia da Bibliotheca Universal, 1879 (1ª Reimpressão fac-similada em Julho de 1998), 204 pp.

Saraiva, António José, "**O Crepúsculo da Idade Média em Portugal**" – Lisboa: Gradiva Publicações e Jornal Público, 1996, 303 pp.

Saraiva, José Hermano, "**História Concisa de Portugal**" – Mem Martins: Publicações Europa-América, 1999 (20ª Edição), 375 pp.

Saraiva, José Hermano, "**História de Portugal**" - Mem Martins: Publicações Europa-América, 1993, 593 pp.

Saraiva, José Hermano (Coord.), "**História de Portugal**" (20 volumes) – Matosinhos: QuidNovi, 2004.

Saussaye, Chapentie de la, "**História das Religiões**" (3 Volumes) (Edição sem local) Círculo de Leitores, 1979.

Serrão, Joaquim Veríssimo, "**História de Portugal: 1080-1415**" (Volume I) (Edição sem local) Editorial Verbo, 1995 (5ª Edição), 447 pp.

Silva, Manuel Luciano da, "**Os Pioneiros Portugueses e a Pedra de Dighton**" – Porto: Brasília Editora, 1974, 256 pp.

Silva, Pedro, "**História e Mistérios dos Templários**" – Rio de Janeiro: Ediouro Publicações, 2001 (2ª Edição), 116 pp.

Silva, Pedro, "**Ku Klux Klan: Pesadelo Branco**" – Leiria: Magno Edições, 2003, 189 pp.

Silva, Pedro, "**Ordem do Templo: Em Nome da Fé Cristã**" – Lisboa: Ulmeiro, 2000, 94 pp.

Tavares, Jorge, "**Templários**" – Porto: Lello & Irmão Editores, 1984, 63 pp.

Tavares, Jorge Campos, "**Dicionário de Santos**" – Porto: Lello & Irmão Editores, 1990 (2ª Edição), 288 pp.

Telmo, António, "**História secreta de Portugal**" – Lisboa: Vega, 1997 (3ª Edição), 166 pp.

Telmo, António, "**O mistério de Portugal na História e n'Os Lusíadas**" – Lisboa: Ésquilo, 2004, 287 pp.

Terseur, Françoise e Eduardo Amarante, "**Templários – Aspectos Secretos da Ordem**" (Edição sem local) Edições Nova Acrópole, 1998 (5ª Edição), 79 pp.

Thoraval, Yves, "**ABCedário do Islão**" (Edição sem local) Jornal Público, 2003 (Original: Paris, Flammarion, Paris), 120 pp.

Vários Autores, "**As Cruzadas: 1096-1270**" (Tradução: Maria Lucília de Almeida) – Cascais: Editora Pergaminho, 2001 (Original: Edição sem local, Éditions Tallandier, 1998), 182 pp.

Vários Autores, "**O Tempo dos Cavaleiros**" (Tradução: Ana Moura) – Cascais: Editora Pergaminho, 2001 (Original: Edição sem local, Éditions Tallandier, 1999), 182 pp.

Vasconcelos, Maria Antónia (Directora e Editora-Chefe), "**Portugal Misterioso**" - Lisboa: Selecções do Reader's Digest, 1998, 373 pp.

Vieira, Padre António, "**Sermões**" – Lisboa: R. B. A. Editores / Público, 1996, 137 pp.

Viterbo, Sousa, "**A Ordem de Christo e a Música Sagrada nas suas Igrejas do Continente**" – Coimbra: Imprensa da Universidade, 1911, 71 pp.

<u>Artigos</u>

Caetano, Paulo, "Templários: Monges deixaram tesouro?", *Focus*, Número 273 de 2005.

Câmara Municipal de Tomar, *Roteiro Turístico da Cidade de Tomar* (4 Volumes – "Colina do Castelo", "Centro Histórico", "Fazendas d'El Rei" e "Língua de Fogo".

Coutinho, Rosário Sá, "Pioneiros: Gaspar Corte Real", *National Geographic*, Número 4, Julho de 2001.

Fernandes, Marta (texto) e António Carrapato (fotos), "Ourique: na rota da lenda", *Público* (inserido no suplemento *Fugas*), 9 de Fevereiro de 2002.

Galán, Juan Eslava, "Dossier: Los Templarios", *Historia y Vida*, Número 410, Maio de 2002, Barcelona.

Gamboa, Jaime Iglesias, "Ao assalto da Europa", *Super Interessante*, Número 39, Julho de 2001.

Millard, S. Candice (texto) e George Steinmetz (fotos), "Guardiões de Cristo", *National Geographic*, Número 4, Julho de 2001.

Nova Acrópole, Número 15, Porto.

Ramos, Manuel João (Texto e Fotos), "Ascensão e Queda do Catolicismo na Etiópia", *National Geographic*, Número 4, Julho de 2001.

Região de Turismo dos Templários, *Templarius*, Edição nº 01, Dezembro de 2001 – Maio de 2002, Tomar.

Villalobos, Luís e R. Pereira Seco, "Histórias de monges cavaleiros: Misteriosos Templários", *Quo*, Número 73, Outubro de 2001.

INFORMAÇÕES DO AUTOR SOBRE AS FOTOS DA CAPA

A foto da capa é do interior do Mosteiro de Alcobaça, local da Ordem de Cister. A construção deve-se a uma promessa feita por D. Afonso Henriques, primeiro rei de Portugal, a São Bernardo de Claraval, o mentor ideológico da Ordem dos Templários. Conta a lenda que, antes de uma importante batalha, a imagem de S. Bernardo apareceu a D. Afonso Henriques no sono. O monge cisterciense prometeu que caso o monarca português tivesse muita fé, ele venceria a disputa em questão, apesar da inferioridade numérica. Os portugueses venceram e, em respeito a isso, D. Afonso Henriques mandou construir em 1178 este magnífico local de oração.

As fotos da contracapa:

As fotos centrais, de alto a baixo, sãp todas do interior da Capela de Nossa Senhora da Conceição, em Tomar. Tem origem por volta de 1527, pensando-se que em 1572 terá tido a sua conclusão. Era sua principal função, na época de construção, a de capela funerária (ou capela panteão), para albergar os restos mortais de D. João III, rei de Portugal e administrador da Ordem de Cristo. Na realidade, é uma pequena igreja basilical de três naves separadas por dois grupos de três colunas de fustes lisos e capitéis coríntios delicadamente talhados. Tanto o interior e o austero exterior foram recentemente submetidos a uma operação de conservação. Está intimamente ligada à Ordem de Cristo e, sobretudo, ao período da sua Reforma, passando, apenas, a ordem religiosa, esbatendo, por completo, a vertente militar.

Em relação às outras fotos, começando à esquerda, de cima para baixo, e fazendo uma leitura na horizontal (esquerda para a direita) a cada duas fotos, temos:

1º) Castelo de Belmonte, cása pertencente à família Cabral e onde, provavelmente em 1468, terá nascido Pedro Álvares Cabral que liderou a esquadra naval que, em 1500, atracou no Brasil. Situa-se num monte rochoso de 615 metros de altitude e foi construído provavelmente no século XII, e somente em 1466 passa para posse dos Cabrais.

2º) Capela de S. Vir-a-Corça, em Monsanto, é um lugar "mágico". Este lugar de fé, situado em local ermo, é de construção do século XIII e está ligado aos Templários pelo fato de aqui se acreditar que tenham orado muitas vezes. Monsanto, o local onde se encontra a Capela, passou para a posse dos Templários em 1165. É considerada um dos templos religiosos mais misteriosos de Portugal e a sua localização afastada a isso ajuda. Crê-se que era neste local de retiro religioso que os freires templários vinham, para se afastar do bulício da vila de Monsanto.

3º) Castelo de Guimarães, berço da nacionalidade portuguesa. Apesar da questão que envolve o nascimento do primeiro rei português, D. Afonso Henriques (se teria nascido em Coimbra ou Guimarães), a verdade é que há mais provas de que tenha sido batizado numa pequena capela junto ao Castelo de Guimarães. Foi a partir de Guimarães que, ao longo dos anos, com a ajuda essencial dos Cavaleiros Templários, a reconquista territorial, face aos mouros, teve lugar, para que Portugal se tornasse um estado independente e com o aspecto geográfico atual.

4º) Na foto abaixo do Castelo de Guimarães surge o célebre Castelo de Leiria, no seu morro inexpugnável. A sua ligação com os Templários deve-se sobretudo por ter feito parte da linha defensiva portuguesa composta, entre outros, pelo Castelo de Pombal e pelo importante Castelo de Soure (que foi sede da Ordem do Templo, inicialmente). Era uma linha defensiva que rasgava Portugal de este a oeste, unindo esforços para evitar o avanço dos muçulmanos do norte de África.

5º) Do lado direito do Castelo de Guimarães e de Leiria, surge o Castelo de Mogadouro, que foi um dos mais importantes centros de permanência dos Templários, em Portugal. Isto, tendo em vista o fato de se localizar bem a norte, em Trás-os-Montes, no distrito de Bragança, colado à fronteira com Espanha. Na época medieval, as fronteiras com o país vizinho espanhol deveriam estar bem guardadas, pois, de vez em quando, havia tentativas de invasão e os Templários criaram fortificações em locais estratégicos ao longo da fronteira e o Castelo de Mogadouro, hoje em mau estado, foi um dos que mais importantes para o desempenho na luta pela independência, fazendo parte das propriedades templárias.

6º) Abaixo do Castelo de Leiria, surgem duas fotos do Castelo de Pombal, também pertencente à Ordem dos Templários. Como se sabe, Pombal, Redinha e Ega, três fortificações na zona centro de Portugal, foram outro eixo sempre pronto a travar as investidas mouriscas. A beleza do Castelo de Pombal é imponente, apesar de, atualmente, resistirem apenas as muralhas exteriores e a torre de menagem. Aqui, os Templários seguiram o método de junção da função militar-defensiva duma fortaleza com a assistencial-religiosa, definida pela edificação duma igreja.

7º) Ao lado direito da foto do Castelo de Pombal, surge o cenário de sonho do Castelo de Santa Maria da Feira. A sua beleza é de tirar o fôlego. A sua ligação com os Templários carece ainda de uma confirmação definitiva. Muitos autores, porém, crêem piamente que foi de pertença templária, sobretudo na época de D. Afonso Henriques. As teorias apontam para dois fatos: os pormenores arquitetônicos, como as seteiras templárias, com a cruz incrustada no globo terrestre.

A foto abaixo é de um pormenor do Mosteiro de Alcobaça. A imagem nos remete à simbologia do cavalo alado, que significa, segundo alguns investigadores, submissão ao destino, como se a visão dos monges de Cister, perante tais figuras nas colunas, lhes desse a entender que havia sido Deus a colocá-los ali, com um propósito bem definido: fazer, na Terra, o trabalho da divulgação de Deus e da sua fé.

Esses tesouros ficam em Portugal.

Castelo Templário de Tomar

Castelo de Almourol

Idanha-a-Velha

Ponferrada

Convento de Cristo - Tomar

Mosteiro de Alcobaça

Igreja de S. João Batista

Livro de grande interesse para professores e estudantes de letras, com poemas satíricos e eróticos de autores portugueses de Bocage a Guerra Junqueiro, muitos deles até então inéditos no Brasil.

Livro com poemas líricos e sentimentais, incluindo o dramático “Improviso do Palhaço” e outros de obras anteriores já esgotadas.

Este livro, já consagrado pelos estudantes e valorizado por muitos professores, apresenta análise e um condensado das obras exigidas pelo vestibular da Fuvest.

Libreto com uma visão panorâmica e sintética da arte barroca, incluindo uma antologia de poemas de Gregório de Matos e um condensado do *Sermão da Sexagésima* do padre Antônio Veira.

Excelente material de estudo para vestibulandos com sinopse de todas as escolas literárias (estilos de época) e mais de 500 exercícios para treinarem para os exames.

Coleção com análise e resumo de 45 das mais importantes obras da Literatura Portuguesa e Brasileira.

Impressão e Acabamento:
Gráfica e Editora Alaúde ltda.